播音主持艺术创作基本理论与实训探究

李　帅　种　雪◎著

吉林出版集团股份有限公司
全国百佳图书出版单位

图书在版编目（CIP）数据

播音主持艺术创作基本理论与实训探究 / 李帅，种雪著 . -- 长春 : 吉林出版集团股份有限公司，2024.4

ISBN 978-7-5731-5133-9

Ⅰ . ①播… Ⅱ . ①李… ②种… Ⅲ . ①播音—语言艺术—研究②主持人—语言艺术—研究 Ⅳ . ① G222.2

中国国家版本馆 CIP 数据核字（2024）第 111069 号

播音主持艺术创作基本理论与实训探究

BOYIN ZHUCHI YISHU CHUANGZUO JIBEN LILUN YU SHIXUN TANJIU

著　　者　李　帅　种　雪
责任编辑　祖　航　林　琳
封面设计　李　伟
开　　本　710mm × 1000mm　　1/16
字　　数　200 千
印　　张　11.75
版　　次　2024 年 8 月第 1 版
印　　次　2024 年 8 月第 1 次印刷
印　　刷　天津和萱印刷有限公司

出　　版　吉林出版集团股份有限公司
发　　行　吉林出版集团股份有限公司
地　　址　吉林省长春市福祉大路 5788 号
邮　　编　130000
电　　话　0431-81629968
邮　　箱　11915286@qq.com
书　　号　ISBN 978-7-5731-5133-9
定　　价　71.00 元

版权所有　翻印必究

前　言

随着现代信息技术快速发展，我国已经步入了信息化时代。信息技术对社会各行各业都产生了深远影响，同样对广播电视行业也产生了非常深远的影响。在广播电视行业的生产过程中，播音主持是非常重要的一个环节，播音主持的发展也间接影响着广播电视行业的发展。

语言是思想的直接体现，播音主持语言是广播、电视等传播媒体中有声语言的重要组成部分，在多媒体传播过程中有着独特的魅力。播音主持工作通过语言将各种信息传达给人们，这要求播音员、主持人正确运用播音语言并对其进行创新，既要呈现简单、自然的状态，又要在此基础上对语言表述加以规范。创新不仅是播音主持语言创作的源泉，更是播音主持事业蓬勃发展的原动力。每一位播音员、主持人都应该通过创新来提升自己的水平。

本书共七章，第一章对播音主持艺术进行了概述，内容包括播音、主持的基本概念，中国播音主持事业的发展和播音主持艺术的属性及其工作地位；第二章主要介绍播音主持艺术的创作研究，具体内容为播音主持艺术的创作原则、播音主持艺术的创作方法和播音主持艺术的创作准备；第三章介绍了播音主持语言创作的内部技巧，包括情景再现、内在语和对象感这三部分；第四章则介绍了播音主持语言创作的外部技巧，主要包括停连、重音、语气和节奏；第五章内容为播音主持过程中的即兴口语表达，介绍了话题操作技巧和临场应变的方法；第六章为播音主持业务实践，包括新闻类文稿播读和新闻评论话题主持；第七章内容为当代播音主持艺术的发展与创新，具体包括当代播音主持艺术的新定位、当代播音主持艺术的创作样态、新媒体环境下播音主持艺术的创新策略、当代播音主持艺术的发展途径和播音主持专业人才培养模式的转变。

本专著是重庆市 2022 年高等教育教学改革研究项目“OBE 理念下戏剧与影视学专业实践类课程阶段式协作教学改革研究”（项目编号：223443）的研究成

果之一。在撰写本书的过程中，作者得到了许多专家学者的帮助和指导，参考了大量的学术文献，在此表示真诚的感谢。但由于作者水平有限，书中难免会有疏漏之处，希望广大同行和读者指正。

目　录

第一章　播音主持艺术概述……1
第一节　播音、主持的基本概念……3
第二节　中国播音主持事业的发展……14
第三节　播音主持艺术的属性及其工作地位……24

第二章　播音主持艺术的创作研究……29
第一节　播音主持艺术的创作原则……31
第二节　播音主持艺术的创作方法……41
第三节　播音主持艺术的创作准备……55

第三章　播音主持语言创作的内部技巧……71
第一节　情景再现……73
第二节　内在语……77
第三节　对象感……84

第四章　播音主持语言创作的外部技巧……91
第一节　停连……93
第二节　重音……100
第三节　语气……106
第四节　节奏……111

第五章　播音主持过程中的即兴口语表达……117
第一节　话题操作技巧……119
第二节　临场应变……125

第六章　播音主持业务实践……133
第一节　新闻类文稿播读……135
第二节　新闻评论话题主持……153

第七章　当代播音主持艺术的发展与创新……161
第一节　当代播音主持艺术的新定位……163
第二节　当代播音主持艺术的创作样态……166
第三节　新媒体环境下播音主持艺术的创新策略……168
第四节　当代播音主持艺术的发展途径……171
第五节　播音主持专业人才培养模式的转变……172

参考文献……179

第一章　播音主持艺术概述

本章是对播音主持艺术的概述，依次介绍了播音、主持的基本概念，中国播音主持事业的发展和播音主持艺术的属性及其工作地位。可以帮助读者初步了解播音主持艺术的相关理论。

第一节　播音、主持的基本概念

播音与主持负责广播电视节目的传播工作，既具有大众传播的性质，又具有社会交流的功能。播音与主持中的有声语言是广播电视重要的信息形式，同时也承载着大量的非语言信息，广播电视节目中的许多内容都需要进行语言艺术再创造与信息传播再整合。从概念上来理解，播音与主持既相互区别又彼此交融。

一、播音的概念

《现代汉语词典》对播音这个词义的说明是，“广播电台播送节目”。还有一种更加宽泛的理解是指电台、电视台等传播媒介所进行的一切有声语言和副语言的信息传播活动（各种声音、语言、文字、图像等的传播）。这样的概念显然不是在说明某类专业的特点。事实上，我们通常是在“播出声音”这个动词的词性意义上来理解它的真实含义的。但是广播电视中播出的声音包含三类要素：有声语言、音乐、音响。因此，我们只是借用了它的狭义作为特定概念，即播音员和节目主持人运用有声语言和副语言，通过广播、电视传媒所进行的传播信息的创造性的活动。这个概念大致说明了播音员和主持人所从事的专业工作的性质，并排除了广播电视中的另外两个声音要素——音乐和音响。也就是说，音响和音乐不属于“播音学”的研究范畴。

（一）播音的内涵：广播电视有声语言的传播

播音是运用有声语言进行艺术创作的活动。它不仅依据稿件来进行有声语言的再创造，还包括“无稿播音”的各种话语艺术。从口头语体来分类，可以分出朗读语体、演讲语体和谈话语体等。有声语言存在三个基本要素，语音、词汇和语法。对这些要素进行不同程度的艺术加工，使语音清晰规范、用词形象生动、表达明白晓畅等，就是所谓的有声语言艺术。

1. 语音清晰规范

播音语言是一种媒体语言，媒体是面向大众的。大众传媒本身就要求信息有较高的清晰度、可懂度和可感度，同时由于它对社会的影响广泛，因此大众传媒必须承担相应的社会责任。推广规范的全民族共同语——普通话，就是其中的一项重要社会责任。实现广播语言文字的规范化、标准化，是普及文化教育、发展科学技术、提高工作效率的一项基础工作，对社会主义物质文明建设和精神文明建设具有重要意义。广播电视工作者应该积极地贯彻普通话方针政策，成为语言文字规范化的宣传者和实践者。在人们的心目中，广播电台、电视台的播音员、主持人的语言就是标准语言，许多模棱两可的读音在实践中往往以他们的语言为标准。所以，目前国家对播音员、主持人的普通话水平要求较高，一方面是为了向社会示范，另一方面也是为了达到最广泛、最生动的传播效果。要满足这些要求，播音员、主持人就必须不断锤炼自己的有声语言，使自己的播音语言准确、清晰、圆润和富于变化。

准确是指吐字发音要合乎规范，发音部位和发音方法要准确无误。在语流中，尽管存在音变、语调等变化，但都必须遵循普通话的规范，在语音准确的基础上，提高语言的表现能力。例如：对声母中发音部位相同的 n 和 l，要把握住它们之间不同的发音方法；而对发音方法相同的 z、c、s 和 zh、ch、sh，则要把握住它们之间不同的发音部位等。播音吐字的准确度要求很高，它的规范性要求也更为严格。

清晰是与含混相对应的。它不是指声音的大小，而是指字音的纯净度。例如，有些播音中有一种“音包字”的现象，就是指一味追求声音的响度，却忽视了吐字的清晰，“音包字”往往会影响语义的表达，只给人留下声音大的印象；反之，孱弱的声音也不利于语义的清晰表达。可以说，播音对吐字归音清晰度的要求要高于对嗓音响亮度的要求。

圆润是播音吐字的第三项基本要求。如果说吐字归音的准确、清晰指的是“字正”，那么圆润就是指悦耳动听的“腔圆”了。人们常常把吐字的圆润比喻为“珠落玉盘”，但是这里的“珠落玉盘”和其在曲艺说唱中的含义并不一样，曲艺说唱是用抑扬顿挫的曲调来表现艺术效果，而播音则需要通过嗓音来反映汉语音节本身的音乐性，从而达到圆润的效果。

富于变化是吐字归音在表情达意方面的最终要求。规范的对立面是变异，语言的变异使语言偏离规范，而过于严苛的规范又会导致语言的僵化。语言就是在这种对立统一的过程中不断丰富和发展的。语言来源于社会生活，反映着生活现象，播音要表现丰富多彩的社会生活，就不可能拘泥于固定的模式。因此，在播音实践中，既要强调语言的规范化，又要提倡语言的生活化、大众化。

2. 用词形象生动

有稿件的播音可以不用考虑选词用句的问题，但是没有稿件的播音就必须考虑，而且要出口成章。如果没有良好的语言修养是难以“成章”的，即便“成章”也可能会佶屈聱牙，晦涩难懂，不能称为“华章”。特别是主持人大多是在交流状态下使用有声语言的，更应该注意这方面的语言修养，选词用句要准确、适度、得体、规范。既要尊重历史词语发展的一般规律，又要考虑约定俗成的社会习惯，恰当吸收并引用一些新的词汇。选词用句必须遵循以下三项原则：

（1）普遍性原则

广泛使用、普遍知晓是现代汉语采用新词汇并加以规范的重要条件。因为普通话词汇以北方话为基础，所以使用时首先就要考虑这些词汇在北方方言中是否普遍使用。例如，“马铃薯”有多种词汇概念，即“土豆儿、洋芋、洋山芋、洋芋头、山药、山药蛋”等，在北方更多的地方称它为“土豆儿”，我们就可以认定它是规范词汇。北京土话里的一些俚俗方言，如“傻帽儿”“耗子”“旮旯儿”等就不宜采用。

有的古汉语词汇带有文言色彩，但沿用至今，已经家喻户晓，也可以通行，如“诞辰”“百姓”“拂晓”“琢磨”“推敲”等。同一概念有多种语词形式，没有重复的必要，就可以选择一种来加以规范。选择的标准就是看哪一种使用得频率最高、使用得最普遍，如“洋灰、水门汀、水泥”中，取“水泥”；“巧克力、朱古力、巧格力”中取“巧克力”等。另外，缩略语也要服从约定俗成的使用习惯，如“中国人民政治协商会议”简称“政协”，但是把“杂技艺术家协会”称为“杂协”显然不合适，得不到大家的认同。再如，大家已经习惯把“彩色电视机”叫“彩电”，“筹集资金”叫“集资”，“挖掘潜力”叫“挖潜”等，使用这些词汇不会引起歧义，所以一直沿用至今。

（2）必要性原则

无论是古汉语、方言词，还是外来语的引用，都要考虑是否有补充普通话词汇的必要。如果普通话词汇中已经有了相应的、确切的表达词汇，就没有必要另外引用其他词汇。如上海话中的“白相”（玩）、“辰光”（时间）、“马路”（公路）等。

引入外来词汇也必须遵循这个原则，“饼干”没有必要叫“曲奇”，“激光”没有必要称“莱塞”，“话筒”不应该再叫“麦克风”等。由于社会新事物不断涌现，有时很难用相应的词汇来表达准确的含义，于是出现了一些新词和借用词，如“反思”“强势”“打造”等。至于“三明治”“汉堡包”“热狗”等音译词都是特指国外的某种食品，所以也就沿用下来了。

（3）意义明确原则

普通话里普遍使用的古汉语，都是已被大家所熟知、所了解的，意义很明确；反之，一些含义不明、晦涩难懂的古语词，如“鼎辅”“葳蕤”“蹭蹬”“夭夭”等，没有普遍应用，因此也就没有采用价值。

普通话所采用的方言词汇，也要求是意义明确、普遍知晓的。如采用“香肠”而不用方言的“烟肠”“酿肠”，采用“西红柿”而不用“臭柿仔”“番茄”，采用“钞票”而不用“铜钿”“纸字”“银纸”“票子”等。

汉语吸收外来词的历史远在张骞出使西域的时代就开始了。例如，从波斯语（伊朗）中吸收进“葡萄”“琵琶”“石榴”“狮子”等，从梵语（印度）中吸收进“玛瑙”“玻璃”“罗汉”“刹那”等。汉语还吸收了许多少数民族地区的语汇，如藏族的“哈达热巴”“酥油”，维吾尔族的“热瓦市”“冬不拉”，朝鲜族的“金达莱”“伽耶琴”，满族的“福晋”“萨其玛”等。现在习惯使用的“胡同”“站”等语词也都起源于蒙古族。汉语对外来语的吸收，原来是借词，后来开始另造新词，主要还是为了明确地表达词意。有的在音译的过程中有不同的注音方法，应以国家语言文字工作委员会确定的统一标准来施行。

3. 表达明白晓畅

如前所述，播音表达就是指广播电视节目内容的播报方式。从口语表达的角度分析，播音表达可以分为转述式播报、陈述式报道、阐述式评论、叙述式交流、描述式解说等。这些口语表述方式在广播电视传播实践中都客观存在，也都具有各自的特点和应用范围。

（1）转述式播报

转述式播报适合代表组织、团体或权威人士发表言论，也适合文学艺术作品的朗读。它曾经是广播电视中的一种主要的语言表达形式，是在“三级审稿播出管理体制”以及“录播机制”下派生出的一种播报手段。它依托的是一种朗读语言或者说是“有稿播音”方法，也是当前播音学的主要研究对象。只要广播电视还需要发挥“转述”作用，这种语言形式就会长期存在，仍然具有较高的应用价值。如政府文告、新闻公报、评论文章、文传电讯等，都需要用转述式播报，这样才能够做到准确、鲜明、生动，随意地加词改句都是不严肃、不恰当的。

再如播送一些经典的文学作品（小说、散文、诗歌等），就只能用朗读转述的方法来表达而不能用其他的方法。因为这种语言表达准确、清晰、生动、形象，所以一直沿用至今。1906 年的圣诞节前夕，当加拿大裔工程师费森登在人类广播史上首次播出广播节目时，人们听到的就是费森登朗读《路加福音》的声音。在我国，这种语言传播形式已经发展成一门学科——播音学。可以说，正是这种广播朗读方法发展并完善了中国播音学。

（2）陈述式报道

时效性强是广播电视新闻的独特优势，有时它的报道甚至可以与新闻事件同时、同步发生。这种时效的发挥主要依赖记者在新闻现场做目击式口头新闻报道。但是，能否真实、客观地报道新闻事件，迅捷、准确地揭示新闻价值，取决于记者的口头语言表达能力。

譬如，记者在奥运会比赛现场，边看边说，边走边播，具有极强的现场感。他所陈述的赛场实况生动活泼地反映了运动员在奥运会赛场为国争光、奋力拼搏的激动人心的场面，使听众在有限的时间里，身临其境般地领略奥运会赛场的气氛。

（3）阐述式评论

阐述式评论通常是主持人在广播电视中，就某些社会事件或新闻事实即兴发表的观点性评论。这是主持人以新闻评论员身份出现时普遍采用的话语方式。中央电视台《焦点访谈》节目就是此类型的典型。主持人的评论源于事实，并高于事实。有时说出了目击观众难以表达出来的感想，可谓言其心声；有时说出了观众没有意识到的内容，使观众有种茅塞顿开的感觉。

（4）叙述式交流

这主要是指在广播电视节目中以谈话形式出现的话语方式。中国中央电视台曾播放过一个节目——《实话实说》，轰动了整个中国，带来了较大的影响。孙玉胜是该节目的创办者之一，他认为，当代电视中有两个比较重要的元素——纪实和谈话，通过纪实和谈话的结合，电视节目能够呈现出更加多样和真实的内容，更好地满足观众的需求。接近真实则意味着更接近观众的心理和电视传播的本质。纪实节目通过真实的镜头和记录方式展示了生活的真实面貌，而谈话节目则通过与嘉宾的对话和互动，呈现了真实的思想、情感和观点。虽然谈话不是一个新概念，但对于许多电视从业者来说，谈话节目可能是一个相对较新的事物。它不同于其他形式的节目，更注重对话的深度和互动性。谈话节目能够提供一个平台，让嘉宾分享自己的故事、观点和经验，同时也给观众提供了一个倾听和思考的机会。

广播电台中的夜话节目、谈话节目都很受听众的欢迎，这与主持人的叙述能力密不可分。叙述方法是有一定规律的，按照一定的规律来培养和提高自己的语言能力，可以变得机敏而健谈。

（5）描述式解说

在广播中，一些大型活动的直播需要现场解说，以弥补受众只能听不能看的遗憾，如球赛解说、演出实况解说等。电视中大量的画外音也属于这种解说性质，因为它是对视觉信息的补充性说明和描摹，主要目的是加深受众的感性认识。广播中的电影解说、戏剧演出解说也都具有描述性特点。

（二）播音的外延：语境制约下各类播音语体的传播

陈望道先生曾提出，修辞以适应题旨情景为第一要义，不应是语辞的修饰，更不应是离开情意的修饰。原意是指运用书面语言，要考虑环境因素的影响，我们称它为“语言环境”，简称语境。口头语言同样也会受到语境的制约，我们把经过艺术加工的有声语言，称为“有声艺术语言”，凡是在广播电视中运用话筒进行再创造的有声语言，都属于有声艺术语言。但是，不同的语境对语体的选择和语式的运用都有不同的要求，广播电视中各类节目的不同语境就是制约播音语言的特定条件。

播音就是一种口头语言形式，从语言材料的运用角度分析，可分为“有稿播音”和“无稿播音”；从应用语言学的角度分析，在现存的播音方式中至少涵盖三种口头语体形式：播读（朗读）、阐说（演讲）和谈话。而播读语体又可分为新闻、文学和诗歌等；阐说语体又可分为报道、评述、解说等；谈话语体又可分为访谈、交谈和侃谈等。

张颂先生在《广播电视语言艺术》一书中曾说：“广播电视播音主持语体研究是一个综合性、实践性很强的研究方向。它的任务是，系统研究各类广播电视节目播音主持的语体特征以及与之相适应的教学训练体系，分析不同言语形式与心理机制、生理机制的关系，研究创作心态差异和肌体反应差异对语言表达模式的影响。它以辩证唯物主义为指导思想，以调查研究、个案研究、系统研究、比较研究为主要研究方法。该方向将立足于总结我国广播电视播音与主持的丰富实践经验，吸收相关学科的理论研究成果，构建中国广播电视主持语体的理论体系。”[①] 需要说明的一点是，任何一种语体现象都不会孤立存在，各类语体间必然会存在互相渗透、相互交叉的情况。特别是广播电视的语境可塑性较强，这就出现了适应性语体的多种变化。

1. 播读语体

在一些转述播报类节目中，传播是单向的，没有直接交流的对象，也不需要接受反馈。这样的播报方式是朗读式的，运用的就是播读语体，如新闻播报、文学作品播读等。在不增减文字稿件内容，不允许“播错一个字”的要求下，来完成“理解稿件—具体感受—形之于声—及于受众”的艺术创作，并不是件轻松的事情。播音艺术家夏青就做到了，他播送的新闻、评论、文稿，吐字清晰、浑厚稳重、态度鲜明、感情酣畅、逻辑严谨、跌宕起伏，义正词严，气势磅礴。听他朗诵和讲解古典诗词，不仅能增长知识、提高素养，更是一种美的享受。

2. 阐说语体

阐说语体是以有声语言为主要手段，以体态语言为辅助方式，针对某个具体问题，鲜明、完整地阐明事理或抒发情感，进行评述性报道的一种语言艺术。常用于广播电视的现场报道、现场解说、新闻点评或重大题材的现场转播中。中国中央电视台的白岩松就是擅长这类报道的新闻节目主持人。他对重大新闻的报道

① 张颂．广播电视语言艺术 [M]. 北京：北京广播学院出版社，2001.

言约旨远，语妙绝伦。白岩松在回忆“香港回归”的报道时说：“十多分钟一闪就过去了，我当时并不知道水均益找我以及有的画面没切到。我只知道，要尽心完成我的职责。当驻港部队的车轮驶过管理线，我和所有关注这一时刻的中国人同样激动。我在结束语中说，驻港部队的一小步是中华民族的一大步。这起源于当初美国宇航员阿姆斯特朗登月时的一句话，我的一小步是人类的一大步。虽有模仿之嫌，但我一直觉得，经过百年风雨，在部队入港的一瞬间，中华民族如释重负，这句话是合适的。”① 由此可见，阐说语体就是要在瞬息万变的新闻事件中迅速作出反应，准确地点评，生动地阐发。

3. 谈话语体

谈话节目是通过广播电视媒介再现日常谈话状态的一种节目形态，即主持人、嘉宾（有时还有现场观众）在演播现场围绕话题或个案展开双向、平等的交流。而播音的基本概念可以表述为，播音是在广播电视等大众传媒节目语境下所进行的有声语言艺术创作活动。至于原“播音”概念中涵盖的另一个因素，副语言，《中国语言学大辞典》中做了这样的解释：副语言的“狭义指有声现象。如说话时气喘，嗓子沙哑或者尖溜溜的，整句话带鼻音，某个字音拉得很长等。这些是伴随话语而发生的，有着某种意义，但是那意义并非来自词汇、语法或一般语音规则”。美国语言学家乔治·特拉格教授是最早提出“副语言”概念的学者，但他认为副语言现象不属于语言，不能归入音位系统。由于这个问题还存在许多不确定性，因此我们在这里不加以讨论，暂且把它放在传播学的非语言现象中认识。

二、主持的概念

“主持”是广播电视传播中一种特殊的传播方式，它涉及语言和非语言等多种传播方式。主持不仅仅是负责节目的播出，更需要在整个传播过程中进行协调和控制，以创造出特定的传播氛围。在主持中，语言艺术起着重要的作用。主持需要运用巧妙的语言表达技巧，使得信息传递更加生动有趣。主持的本质是一种交流行为，通过在节目中运用恰当的语言和非语言传播方式，能够更好地传达信息，引导听众或观众的情感和思考，并营造出特定的传播氛围。

① 白岩松．痛并快乐着 [M]. 北京：华艺出版社，2000.

（一）主持的内涵：广播电视的交流性传播

应该如何理解“主持”的概念呢？对这个概念的理解来源于主持人，这是借用的外来语。但是即便是外来语，词义也在不断地变化，如在美国，播音员和主持人并没有明确的分工与不同。美国人认为他们使用播音员这个术语是因为“播音员”这个术语仍然符合人们对于广播行业工作的描述。

从上面的分析中可以看出，“播音员”和“主持人”的身份区别并不是问题的关键，他们的工作方式和行为特征才是核心所在。“主持”是从节目形态的变化中产生的传播行为，这种节目形态的显著特点就是双向交流。这就是它与传统节目“单向广播”模式的本质区别。传播学的一个重要原则是“信息是共享的。”有效传播是一个双向的过程，只有不断地调整“传”与“受”之间的关系，才有可能达到共享的目的。在大众传播的过程中创造出“交流情境”，几乎是所有主持人与节目共同努力的方向。从这样的认识角度可以得到许多合理的解释，例如，主持人所谓的“人格化”“个性化”是真情交流的需要，面对不真实的人不可能展开积极的交流；交流的情境是双向的，交谈又总是在平等的“主客关系”中进行的；日常生活中的人际交流和团体互动一般都会有一个主持者，把这种交流形式引入广播电视，就必须有“主持人”。从节目的传播过程中我们可以看到，主持人所发挥的作用恰似这样的现代传播者：一方面他作为“主人”需要提供大量的信息，同时他还需要整合各类信息，以便大家能够共同分享；另一方面由于他被放在了社会交流的过程中，所以他不可能再“照本宣科”式地转述稿件内容。

（二）主持的外延：各类广播电视节目的交流性传播

“主持”的外延主要是指主持各类广播节目的交流性传播。例如，新闻类节目主持、综艺类节目主持、谈话类节目主持等。因为主持人是相对固定在特定的节目中的，所以要与节目同步形成鲜明的个性。这与传统意义上的播音员很不相同，播音员并不要求固定在某个栏目中，甚至可以实行轮班式播音。

主持人节目内容的专业性特点，要求主持人具有较为深广的与节目内容相关的专业知识。主持人的知识储备和积累是个长期的过程，并不是只通过狭义的备稿就可以完成的。在直接面对受众进行交流时，主持人必须持之有故，言之成理。

1. 新闻类节目主持

主持这类节目要求主持人具有较高的新闻素养、较强的新闻敏感度，能够准确把握新闻价值，迅速形成报道角度。所以新闻节目主持人往往是大众传媒的“旗帜”，具有无可替代的权威性。由于责任重大，他们主要由资深记者、新闻评论员来担任。事实上，“新闻节目主持人”这个语词概念的初衷，就是要选择一个在新闻报道的“接力赛”中能够发挥引导作用的新闻传播者。

2. 综艺类节目主持

综艺类节目主要是以文艺内容为主的节目形式，具有明显的艺术特征，主持人需要具备一定的艺术素质。综艺类节目主持人在英文中常用“showman”来与其他类型的主持人加以区别。昔日中国中央电视台《综艺大观》主持人倪萍在谈自己的工作体会时提到，山东艺术学院的学习和山东话剧院的培养让她有了很到位的舞台感觉，那时的严格训练对她一生的为人、艺术创作都有好处。若没有那一段时间的训练，就没有她今天的成就。

3. 谈话类节目主持

谈话类节目方兴未艾，内容也涉及方方面面。美国人斯科特对谈话类节目进行了分析，将所有的谈话节目分成四个类型：第一，新闻信息节目；第二，杂耍喜剧访谈节目；第三，人际关系、自助、心理和日常生活节目；第四，为特殊观众服务的特别谈话节目。如中国中央电视台的《对话》《艺术人生》等。颇负盛名的美国谈话节目主持人拉里·金曾经主持的《拉里·金现场》就属于新闻信息类的谈话节目。这类主持人具有的共同特点是善解人意、妙语连珠。

4. 专题类节目主持

专题类节目几乎包罗万象，根据节目的特定宗旨来设置相应的节目主持人，如体育节目主持人、气象节目主持人、读书节目主持人、金融节目主持人、法律节目主持人等。这类主持人通常都是由有相关专业背景的人员来担任的。

5. 服务类节目主持

服务类节目都有明确的服务对象，指向明确。主持人和受众关系融洽，仿佛朋友一般，如“鞠萍姐姐”“董浩叔叔”就已经深入“童心”。曾经的电视节目《半边天》让主持人张越一度成为妇女的代言人。作为服务类节目主持人，必须了解节目的服务对象，这样才能实现自身的价值。

三、播音与主持的关系

虽然播音与主持的概念不同，但是它们存在许多共同点。例如，主持人在话筒前说话，那就是“播音”。因此可以认为，播音有更为宽泛的含义，播音不仅是一种语言技能，也是一种制造声音和声音效果的技艺。播音员和主持人需要熟练掌握话筒前的语言技巧，以便有效地传达信息、引起听众或观众的兴趣，并营造特定的音频氛围。此外，广播电视记者在现场报道时也需要具备播音的语言能力。他们需要立即作出反应，准确地描述和解释正在发生的事件，并通过口头表达将新闻信息传达给观众。因此，播音不仅是有稿件依据的播报语言，同时也涵盖了各种形式的口头表达和谈话。而主持是一门综合性的传播艺术，不仅涉及语言传播，还需要掌握更多的非语言传播技巧。在主持中，语言传播是非常重要的一部分。然而，主持不仅局限于语言传播，它还涉及许多非语言传播方面的技巧。这包括肢体语言、面部表情、声音的调节、舞台表演等。因此，虽然主持和播音在某些方面存在重叠，但主持更注重综合性的传播艺术，包括语言和非语言传播技巧的运用。播音更侧重于语言的传播，将文字转化为有声语言。因此，播音和主持是两种互补但不可替代的传播方式和艺术形式。

从传播过程来分析，“主持”需要借助播音的语言表达手段，“播音”也需要补充主持的非语言传播方式。“主持”是目前公认的比较理想的一种传播方式，它不仅运用语言手段，还运用了许多非语言手段，传播的信息量大，信息共享程度比较高。但不能因此武断地认为“主持人节目”是广播电视唯一的节目形式。如果那样认识问题，广播电视也就无法发展了。一些概念是随着时代的变迁和传媒形式的发展而不断演变和形成的。比如，从过去的“播音员”到如今的“主持人”，甚至可能出现的“网络秀”，这些称谓的变化反映了媒介传播者的角色和方式的多样性。

在广播电视中，播音和主持是既相互区别又相互联系的传播活动。但无论是“播音”还是“主持”，都是一种传播行为。这些传播行为总是在一定的语言环境条件下进行的，不同的节目语言环境有不同的表达方式，目的是达到最佳的传播效果。

第二节　中国播音主持事业的发展

一、广播、网络播音主持事业发展概况

（一）广播播音主持事业发展历程

1923 年 1 月 23 日，中国第一座广播电台“大陆报——中国无线电公司广播电台”在上海开播，呼号 XRO。每天播音 65 分钟，内容是音乐和新闻，开办者是美国人奥斯邦，因音质不佳，三个月后停播。1926 年 10 月 1 日，中国第一座官办广播电台——哈尔滨无线广播电台开播。每天播音两小时，内容为钱粮行市、新闻、音乐、演艺等。创建者是中国无线电工程专家刘瀚。1927 年 3 月 18 日，中国第一家私营商业电台，新新公司广播电台在上海开播。每天播音 6 小时，内容为商业行情、时事新闻、中国音乐。1927 年 5 月，中国人自行创立的第一座公营电台，由交通部主管的广播电台在天津成立，呼号 COTN。

1940 年 3 月，中共中央正式决定成立广播委员会负责筹建广播电台。当时的发射机房和播音室所在地王皮湾，是一个偏僻山村。播音的稿件由新华社提供。1943 年 3 月，延安新华广播电台的大型电子管损坏，中断播音两年，直至 1945 年 9 月才得以恢复。

这一阶段，有三个“第一”：中国共产党第一座电台、第一声呼号、中国共产党第一位女播音员。

1940 年 12 月 30 日，中国共产党第一座广播电台——延安新华广播电台开播。播音时间为每天上午、下午各一次，每次一小时左右。内容主要有中共中央文件、《新中华报》社论、《解放》周刊重要论文、国内外新闻、抗日进步歌曲。

第一声呼号：延安新华广播电台，XNCR，现在开始播音。

中国共产党的第一位女播音员是麦风（徐瑞璋），延安新华广播电台的第一声呼号就是由麦风播出的。除了麦风，20 世纪 40 年代初期，女播音员还有姚雯、萧岩和孙茜。她们都未学过播音，但有较好的语文基础、政治基础和语言表达基础。麦风曾专门写了一篇《重返延安忆当年》的文章：

我是 1941 年初冬和姚雯同志一起来延安台当播音员的。当时，我们俩都是 18 岁。我是从大后方来的，到延安后改名为麦风，想不到，真坐到了麦克风前。因此，同志们开玩笑说："你是中国人民的第一个麦克风！"当年的播音室建在小河对岸的枣树林里，两孔土窑洞，有一条通道相连。外间是预备间，供我们备稿用，有一张木桌、一部电话和一张木板床。里间是播音室，墙上挂着陕北出产的灰色粗毛毯，地上铺着毛毡，室内有一张小桌、一条凳和一只麦克风，后来又添置了一部手摇唱机。

抗战胜利后，解放战争爆发。在延安新华广播电台恢复播音前后，张家口台、哈尔滨台建立。延安新华广播电台播音室地点改在了盐店子，冬天又迁至裴庄，1946 年 9 月迁至大砭沟，又迁至北关，1947 年又迁回盐店子，直到 1947 年 3 月人民解放军撤出延安前夕。

此后，延安新华广播电台播音队伍接受众多重大传播任务，属于传播效果较好的一个阶段。延安新华广播电台在这一阶段经历了"四次迁移"。

第一次迁移：从盐店子到瓦窑堡的好坪沟。

延安新华广播电台改名为陕北新华广播电台的时间是 1947 年 3 月 21 日，地点是瓦窑堡的好坪沟。瓦窑堡播音室是在一个破庙里，分上下两层，下层隔成内外两间，前一间就是播音室。

广播电台播音组由孟启予领导。孟启予的播音独树一帜，当年的听众回忆说，她的播音"使人深思，催人奋发"。

就在延安新华广播电台改名前夕，1947 年 3 月 14 日，国民党空军飞机对我军轰炸了 7 个小时，3 月 15 日，轰炸了 8 个小时。3 月 20 日，人民解放军主动撤离延安。3 月 28 日，陕北新华广播电台撤离。

第二次迁移：从瓦窑堡到太行山麓的沙河村。

1947 年 4 月 1 日，晋冀鲁豫解放区第二战备台正式接替陕北新华广播电台。原邯郸台有于韵琴、兰林、胡迦陵三个播音员，其中于韵琴是南方人，兰林是北方人，她们模仿陕北台播音，听众难以分辨。4 月底，陕北新华广播电台孟启予、钱家楣东渡黄河到太行，中国共产党最早的男播音员之一齐越从这时起加入播音行列，另外还有夏沙、柏立等。同年 9 月 11 日，陕北新华广播电台开办英语新闻广播节目，播音员有李敦白和魏琳。

第三次迁移：从沙河村到河北平山县西柏坡村。

1948 年 5 月 23 日，陕北新华广播电台在平山开始播音。发射机房和播音室先设在滹沱河畔的张胡庄，后迁到窟窿峰。原晋察冀台、邯郸台的播音员先后并入陕北新华广播电台。播音组长是孟启予，副组长是丁一岚。播音员有齐越、钱家楣、李惠一、柏立、秋原、杨洁、柏培思、智世民等。

1948 年 5 月 29 日，播音组接到编辑部通知："今天播送的中央指示，十分重要。主席亲笔指示，叫不要播错一个字。请你们万分注意。"这个指示就是毛泽东起草的《一九四八年的土地改革工作和整党工作》。那天将近晚上 7 点接到稿件，晚 8 点就播出，字数有 3300 个，直播者是齐越。通过阅读理解，齐越又和其他播音员交换具体播法。最终，他出色地完成了这次播音任务。

1948 年 9 月 24 日，陕北新华广播电台在当天节目快结束时，临时决定加播号外：济南解放。男女声共轮番播出 7 遍，既体现了广播的即时性，又体现了播音员的语言功力。

第四次迁移：从西柏坡村到北平。

1949 年 1 月 31 日，北平和平解放，齐越等播音员在徐迈进的带领下接管国民党北平电台。1949 年 3 月 25 日，陕北新华广播电台改名为北平新华广播电台。

1949 年 4 月 21 日，北平新华广播电台播出毛泽东主席、朱德总司令的《向全国进军的命令》。毛泽东撰写的新闻稿《我三十万大军胜利南渡长江》《人民解放军百万大军横渡长江》均由齐越播送。

1949 年 6 月 5 日，新华社"口播部"改为"中央广播事业处"，处长是廖承志，副处长是李强。1949 年 10 月，中央广播事业处扩充为"中央广播事业局"，局长是李强。1949 年 12 月 5 日，北平新华广播电台第一台正式定名为“中央人民广播电台”，第二台改名为“北京人民广播电台”。

随着中华人民共和国的诞生，国家由战争转入和平建设。1949 年 10 月 1 日，北平新华广播电台对开国大典进行实况转播，这是该台第一次大规模的全程转播，由播音员齐越和丁一岚主持。

1950 年，中央人民广播电台开播《首都报纸摘要》，1955 年改为《新闻和报纸摘要》，先是在晚间播出，后改在早晨 6 点 30 分播出。1951 年，中国中央电视台开播《全国各地人民广播电台联播》节目。1995 年改名为《全国新闻联播》，晚间 7 点播出。播音风格庄重朴实，节奏明快流畅。在 20 世纪 80 年代电视普及之前，这两档节目是全国各地人民了解时事政策的主要渠道。

1954 年，湖北台播出的广播特写《冰雪除夕夜——汉水公路桥工地特写》，通过现场描述和现场采访，反映了工地上人们冒着寒冬打桩接管的感人事迹，富有时代感和现场感。

1960 年 2 月，中央人民广播电台播出通讯《为了六十一个阶级兄弟》，记述了山西省平陆县一起从死亡线上夺回 61 条生命的事迹。齐越的播音惊心动魄、感人肺腑，反响强烈。

20 世纪 60 年代初，中苏两国关系紧张，中共中央“九评”苏共中央公开信由夏青等播音员播出，形成了当时气势磅礴的播音风格。

20 世纪六七十年代，广播除了报道新闻，还提供教育和娱乐，丰富了人们的生活。

1966 年 2 月 7 日，中央人民广播电台由齐越播出的长篇通讯《县委书记的榜样——焦裕禄》，感动了千千万万的广播听众。

改革开放后，播音创作从播音的降调开始探索。随着人们物质生活和精神文化需求的增长和现代电子技术的飞速发展，广播从长、中、短波单声道到调幅、调频立体声，广播的接收工具从台式收音机到便携式收音机再到手机、车载接收装置等各种移动应用终端的出现，推动着广播频率及其传播内容的细分化，如经济、文艺、音乐、戏曲、交通、城市等专业频率的开办，扩大了节目种类，丰富了节目内容。播音主持的有声语言样式也随之发生了变化，如新闻评论、调查纪实、社会教育、生活服务等节目，除了播报式、宣读式，谈话式也成为主要的表达方式。

改革开放的前20年，中国社会经历了巨大的政治和经济变革，这对广播播音主持的嬗变产生了深远影响。随着当代的经济快速发展，广播行业开始获得更大的发展空间，传媒领域也迎来了市场化的转变。

2002年，党的十六大报告提出了适应社会主义市场经济发展、“推进文化体制改革”的明确要求。这些要求为广播节目的调整和改革提供了明确的指导。在当时，广播节目面临着电视和网络双重竞争的压力，传媒业在整体上呈现出娱乐化的趋势。在这种情况下，广播也开始寻找在娱乐化和平民化方向上的发展。以听众为目标，以市场为导向的消费逻辑成为指导广播节目调整和改革的主要力量之一。广播节目需要更加注重满足听众的需求，以市场需求为导向来制定节目内容和形式。21世纪，广播行业面临着新的挑战和发展机遇。通过在娱乐化和平民化方向上寻找更多的出路，广播可以更好地适应社会变革和满足听众的需求。这也是广播行业不断发展和创新的主要动力。

（二）网络播音主持事业发展历程

20世纪90年代，互联网逐渐进入大众传媒领域，越来越多的广播电台开始触网。广播播音主持的载体也开始发生变化，重心逐渐向网络播音主持转移。

随着技术的不断进步和互联网的普及，2003年，真正的网络化广播逐渐发展起来。在2003年，21世纪网站开通了自己的网络电台并招募了数十位主持人，为网络广播的发展作出了贡献。随后，在2004年8月，北京达人文化公司与腾讯合作推出了新锐网络电台，进一步推动了网络广播的发展。接着，随着技术的升级和观念的进一步演进，带有明显个人化和自媒体特征的播客开始在大众视野中出现。播客为网民个体提供了一个以个人为中心的发布平台，使得个人创作和传播内容变得更加容易。此外，播客也为选择融汇大众声音为素材的新的广播节目提供了可能。2011年9月，“蜻蜓FM”正式上线，它以聚合传统广播内容并生产原创内容的方式吸引了一定的听众。两年后，喜马拉雅FM和考拉FM也相继上线，进一步丰富了网络广播的内容和形式。

在这一时期，广播播音主持也发生了明显的变化。他们更加重视听众的感受，并基于用户的评价来改进和创新播音主持风格。他们的语态更加生活化，倾向于以轻松、自然的方式展开与听众的“聊天”。这种明显的平民化特征，在语气上更加自由、鲜活，可与受众的距离拉近，更多地展现出主持人的个性特点。这样的变化使得广播播音主持越来越受到人们的喜爱和欢迎。

20 世纪末以世界信息高速公路的建设为开端，引发了通信和传播领域的持续改革。围绕扩大消费人群、增加赢利份额，技术革命和市场竞争互相推动，互联网、电信网和广播电视网从三网竞争到三网融合。

2013 年 1 月，国家新闻出版广电总局发布《关于促进主流媒体发展网络广播电视台的意见》。3 月，国务院机构改革和职能转变方案公布。5 月，百度收购 PPS 视频业务全部股份，将 PPS 业务与爱奇艺合并，爱奇艺成为当时中国最大的网络视频平台。6 月，中国中央电视台所属 24 个公共频道采用网络化制播技术播出，成为全世界首个采用全流程网络制播系统的国家电视台。12 月，中央人民广播电台国家应急广播中心揭牌，国家应急广播社区网站同时上线。此外还有中国纪录片网、中国中央电视台微电影频道、中国国际广播电台英语环球广播资讯台等获批上线。

广播电视作为传统媒体开始尝试跨界传播，三网融合的方式使播音主持事业获得了新的发展空间。手机、平板电脑、家庭媒体网关、数字电视机顶盒等接收终端的多元化，节目内容和形式的改变，都对播音员、主持人提出了新的要求。

2013 年 4 月，四川雅安芦山县发生 7.0 级地震，中国中央电视台以卫星直播方式报道，主持人既在直播室主持、电话连线一线记者和嘉宾，又作为记者深入一线采访报道。中央人民广播电台开播国家应急广播，芦山抗震救灾应急电台，主持人在台网互动模式中，通过点对点的信息服务，发挥了政府“大喇叭”和百姓“求助台”的良好中介作用。

2013 年 6 月，“神舟十号”载人飞船和“嫦娥三号”探测器登月，中国中央电视台采用虚拟演播室技术展示着陆器着陆过程和宇航员生活、工作等情况，要求主持人将虚拟场景和现实情景通过想象、联想有机结合。

2014 年和 2015 年，传统媒体和新媒体的合作与融合进一步加强，在节目内容生产方面更加重视原创性，如 2014 年的《舌尖上的中国》《中国汉字听写大会》，2015 年的《挑战不可能》《大开演界》《歌者无敌》《最野假期》等。

二、电视播音主持事业发展概况

（一）电视技术的进步

与广播一样，技术进步和社会需求是电视播音主持发展的两个主要原因。世界上最早的电视台是 BBC ONE，也就是英国广播公司一台提供的 BBC 电视服务，1936 年 11 月 2 日正式播出。1958 年 5 月 1 日，中国第一座电视台，北京电视台试播，同年 9 月 2 日正式播出，10 月 1 日，上海电视台开始试播。1973 年 5 月 1 日，彩色电视信号在中国试播。1976 年 7 月 1 日，北京电视台试播《全国电视台新闻节目联播》，1978 年元旦，正式定名为《全国电视台新闻联播》（今《新闻联播》）。1978 年 5 月 1 日，北京电视台改名为中国中央电视台。1980 年 10月，中国中央电视台开始用微波干线收录各地电视台新闻，改变了使用胶片的历史。节目时长从 20 分钟增加到 30 分钟。

1996 年 1 月 1 日起，《新闻联播》由录播改为直播。2003 年前后，在无线电视、有线电视基础上，数字、网络电视以及各种移动传输终端等纷纷涌现，电视、电信、互联网呈融合状态。2013 年 4 月 1 日，中国中央电视台新闻频道官方微信“央视新闻”正式上线。传统媒体纷纷探索与新媒体的整合发展。

（二）电视播音主持事业的发展

1. 第一位播音员与第一位主持人

1958 年 5 月，北京电视台试验播出，并于同年 9 月正式播出，第一位电视播音员是沈力。她不仅播报新闻、社教、文艺和体育节目，还参加天安门节日庆祝实况、大型文艺晚会转播。她塑造了一个端庄、文雅、大方、真诚的电视屏幕形象，被称作“中国荧屏第一人”。

1982 年，中国中央电视台设置《为您服务》栏目，设置固定的节目主持人。1983 年 1 月 1 日，《为您服务》以崭新的面貌与观众见面，沈力成为中国电视史上第一位主持人。

2. 新闻节目的设置与电视纪实片的播出

1983 至 1984 年每周日晚，中国中央电视台准时播出陈汉元制作、任卫新撰稿、陈铎和虹云解说的电视纪录片《话说长江》。从长江源头说到入海口，从天文地理说到风土人情，全片结构清晰、节奏明快，播音气势磅礴。

3. 直播技术的发展

1958 年 6 月，北京电视台试播一个月后，于 6 月 15 日直播了中国第一部电视剧《一口菜饼子》，6 月 19 日直播了“八一”男女篮球队和北京男女篮球队的友谊比赛。前者是在演播室以直播方式播出，后者是中国电视的第一场户外现场直播。1959 年，北京电视台首次直播了国庆 10 周年的天安门阅兵式和盛大的群众游行。1961 年 6 月 30 日，北京电视台直播了庆祝中国共产党成立 40 周年大会。真正把直播作为一种报道手段是在 20 世纪 90 年代后期，特别是 1997 年的香港回归 72 小时直播报道。从 2008 年汶川地震到 2015 年“纪念抗战胜利 70 周年”48 小时特别节目，直播技术已渐趋成熟。从实况转播解说到现场主持报道，播音主持的岗位职能有了不同要求，直播前后的预案和总结日渐完善。

4. 电视节目主持的兴起

（1）1983 年第一轮电视改革，各类节目启用主持人

1983 年 3 月 31 日，第 11 届全国广播电视工作会议在北京召开。会议确定的奋斗目标“到 20 世纪末，使我国广播电视事业进入世界先进行列”和广播电视业务方针“扬独家之优势，汇天下之精华”，为广播电视节目改革指明了方向。1983 年，中国中央电视台播出电视系列片《话说长江》、杂志节目《九州方圆》。电台播音员作为主持人加入电视节目解说行列。1983 年，中国中央电视台创办《春节联欢晚会》。电视播音员只在晚会开场前做介绍，由电影演员、话剧演员和相声演员主持整台晚会。

（2）1993 年第二轮电视改革，注重培养主持人的记者素质

1993 年 5 月 1 日，《东方时空》开播，这是中国第一个日播的“电视新闻杂志”栏目，节目主持人从有采访经验的记者中选拔。1996 年 1 月 1 日，《新闻联播》开播。从新闻的时效性来看，直播更符合新闻的规律，但也对播音员提出了更高的要求。1996 年 5 月 17 日，深度报道栏目《新闻调查》开播。

（3）2003 年第三轮电视改革，主持人的直播能力得到锻炼

2003 年 3 月 20 日，中国中央电视台直播伊拉克战争。2003 年 5 月 1 日，新闻频道开播。新闻报道内容的拓展和形式的创新，要求播音员、主持人更加关注社会热点，内容要贴近社会、贴近实际、贴近百姓。

（4）2008 年第四轮电视改革，拓宽了主持人的视野

2008 年 1 月，新闻中心进行改革，成立《新闻联播》编辑部。原有的新闻编辑部、新闻采访部、社会新闻部、新闻评论部合并成新闻专题部、新闻采编部和社会专题部三大部门，另外成立了国际新闻部、地方新闻部、军事新闻部，制作部和综合部给予保留。新闻机制改革对主持人的文化知识储备提出了新的要求，同时也加强了节目制作人员的团队意识。

2008 年 3 月 24 日，《新闻 1+1》正式亮相。所谓“1+1”即一位主持人、一位新闻观察员在演播室展开双人谈话，并配以短片、现场报道、电话连线等形式，选题来自时事政策、公共话题、突发事件三大类。

2008 年，《新闻联播》作出调整，决定在重大节日和重大事件发生时，配发“本台短评”的形式凸显主流媒体的声音。2009 年，新闻频道改版时曾经试行过 24 小时直播，后由于各种原因被取消。2011 年 5 月 7 日，新闻频道宣布再次改革，恢复 24 小时全天候直播方案。如遇重大事件，直播时间不仅加长，还将安排评论员进行直播评论。评论员要有自己的观点，并能引起观众的深度思考。

2013 年，《焦点访谈》《新闻联播》等节目都进行了改版。《焦点访谈》加强了对突发性新闻的深度报道，加大了社会民生类节目的比例，并调整了主持人的播报方式。《新闻联播》继续增加民生和国际新闻的报道量，新闻主播的播报方式更注重贴近新闻事实、贴近受众心理。

2013 年 4 月 1 日，新闻频道官方微信“央视新闻”主打“突发新闻”“视频新闻”“语音互动”三项内容，每天由新闻频道主持人与观众就热点话题进行互动。观众在遇到突发事件时，可通过文字、语音或者视频报道等形式，第一时间发表对新闻的评论和看法。

从有稿播音到现场报道，话语样式从宣读式到谈话式，电视有声语言和副语

言的创作越来越丰富多样。从第三人称的转述到第一人称的陈述，播音员、主持人的创作方式有了巨大的变化。

5. 融媒体的发展

融媒体时代具有两面性，面临机遇的同时也存在挑战。在机遇方面，融媒体时代为广播和电视播音主持人和编导带来了许多机会。他们可以充分利用互联网技术，通过创新传统主持方式，突破时间和空间的限制，利用互联网的便利和速度在第一时间得到观众的反馈。他们可以在社交媒体平台上与观众进行互动，收集意见和建议，借此改进节目，并更好地满足观众的需求。此外，他们还可以通过互联网推广自己的节目，吸引更多的观众和粉丝；在挑战方面，随着新媒体技术的发展，各种新兴形式的信息和新闻传播方式层出不穷。传统媒体面临着与这些新兴形式竞争的挑战。观众的注意力和时间被分散在多种媒体和平台上，这对于传统媒体来说无疑是一种竞争压力。传统媒体需要不断适应这些新兴形式的发展趋势，寻找创新和突破，保持竞争力。

自媒体平台的出现使得个体创作者能够通过自己的渠道和平台发布自己的内容，不再依赖于传统媒体的选择和机会。这为新闻、娱乐节目等类型的内容创造者提供了更高的自由度和更广阔的创作空间。同时，自媒体平台还引入了实时交流和互动模式的创新。这种互动模式让传统媒体中的主持人能够更加直接地与观众进行互动，了解观众的需求，并及时作出调整和反馈。传统媒体应该采纳当下利用评论、弹幕、留言等方式，与观众进行实时互动。这些互动方式可以让观众参与到节目中来。通过了解观众的实时反馈，传统媒体可以更好地了解观众的需求和兴趣，为节目的改进和发展提供参考借鉴。同时，传统媒体应该采取多平台实时播出的方式，打破时间限制，提供更灵活的节目观看方式。通过在电视、电脑、手机软件等平台实时播出，传统媒体可以满足观众要随时随地获取信息的需求，扩大受众群体，并增加观众的参与度和忠诚度。主持人不仅需要具备传统的主持技巧和素质，还需要熟悉当下流行的科学技术，掌握互联网和社交媒体的使用方式。通过利用科技工具，主持人可以加强与观众的互动，了解他们的实时反馈，并灵活调整节目内容和形式。主持人需要认识到，他们不仅是节目的参与者，更是节目制作者和推动者，他们的参与和努力可以为节目的转型和发展作出贡献。

主持人在节目中起着重要的作用，他们不仅是信息的传递者，还是架设在媒体与观众互动之间的的桥梁。一个优秀的广播电视播音主持人应具备出色的能力和良好的素质。首先，主持人应该具备良好的表达能力和扎实的专业知识，以准确、客观地传达信息。主持人应该具备敏锐的分析和思考能力，能够理解和概括复杂的问题，并以简洁明了的方式向观众传递。其次，主持人应该通过自身的魅力吸引观众，激起观众欣赏节目的欲望，这需要主持人具备良好的语言表达和表现能力。主持人应该展现自己的个性和风格，与观众建立情感连接，让观众产生共鸣和认同。同时，作为顺应融媒体时代发展潮流的主持人，他们应该熟悉并利用互联网和社交媒体等新的技术和工具与观众互动，了解观众的需求和反馈，以及获取时事和热点信息。

第三节　播音主持艺术的属性及其工作地位

一、播音主持语音发声的属性

（一）自然属性

生理性。语音发声声源的振动靠的是人体的发音器官，即声带和共鸣腔。胸腔、喉腔、口腔、鼻腔都是共鸣腔，其中最灵活的是口腔。鼻腔共鸣主要通过软腭的升降运动和声束冲击硬腭的不同位置来调节。

物理性。人体发音器官这一声源的振动，引起空气的振动而产生振动波，也就是声波。以上两者也统称为生理物理性。

（二）社会属性

心理性。通过所表达的内容（事实、道理的说明阐释和思想、情感的表达抒发），来打动受众，是播音主持语言传播的本质要求。语言的产生和接收理解的过程是人的心理活动的过程。

艺术性。播音员、主持人对内容形式把握程度的不同，表达技巧运用水平的不同，都会产生迥然不同的传播效果。怎样才能达到较好的传播效果呢？就表达而论，要求播音主持语言具备一定的艺术性。

（三）生理物理性、心理性、艺术性三者的关系

生理物理性是表层形态，是基础。所谓表层形态，是指有声语言的语音层面。说它是基础，因为它既可以反映一般意义的浅层信息，又可以反映特殊意义的深层信息。例如，唐代诗人孟浩然的《春晓》："春眠不觉晓，处处闻啼鸟。夜来风雨声，花落知多少。"不同学识、不同社会阅历、不同表达水平的人朗诵这首古诗时，传达出的信息内涵是不同的。

心理性是内在实质，是目的。所谓内在实质，是说有声语言的表达，是以让传受双方产生共鸣为目的的。传受双方能否产生共鸣，主要取决于传播内容及播音主持创作主体的表达。仍以孟浩然的《春晓》为例，如果朗诵者没有一定的社会阅历，读到"夜来风雨声"时就不会产生联想和想象，对后面"花落知多少"，就不可能有深刻的理解。所谓深刻，就表达而言，就是加入了朗诵者的理解，没有这种深层信息，就很难理解诗中所蕴含的意味。

艺术性是手段。这是因为有声语言表达的艺术性，是以播音主持创作主体对传播内容与形式的认识、理解为前提的，以主体表达的方式是否合适、分寸的把握是否恰当为创作准绳的。如果没有掌握一定的表达手段与技巧，传播效果就会受到影响。因此，有了艺术性，播音主持创作主体才有可能使受众感受到语言的艺术美。

有声语言表达是否有标准？答案是肯定的。比如，音正语顺、表达流畅是一般要求，言简意赅、所言必中是创作要求，深入浅出、言近旨远则是美学要求。但无论是一般要求、创作要求还是美学要求，都离不开语言表达的生理物理性，例如，嗓音圆润、言语规范是大众传播的基础。

加强心理性探察，着力艺术性研究，通过生理物理性展现，三者缺一不可。只有三者结合，才称得上是有声语言创作，才有播音主持语言美可言。

二、播音主持工作的创造性

播音主持创作主体只有将自己的理解感受、审美追求融入有声语言表达，才称得上是播音主持创作。具体来说，播音主持工作的创造性表现在以下几个方面：

（一）语言交流的传播性

所谓语言交流的传播性，是指播音主持创作活动是一个心理—生理—物理—生理—心理的过程。播音主持与日常谈话的区别，主要表现在以下三个方面：

①交流活动的残缺性，凭“对象感”解决。

②除了说自己的话，还要把别人的话转化成自己的话。

③自己代表的是党、政府和人民，是党、政府和人民的“喉舌”。

第一个方面是由传播技术特性所决定的。播音主持创作主体要做到“目中无人，心中有人”，即使“目中有人”，如现场报道、现场访谈、现场主持，仍要坚持“心中有人”。

第二个方面是由语言传播特性所决定的。播音主持创作主体不能只是把稿件转化成有声语言，而且要有转化的过程，要尽可能把自己的理解、感受、个性结构系统、审美理想追求，融入有声语言。

第三个方面是由媒体性质定位所决定的。播音主持创作主体要有个性，但同时要符合节目、栏目的需要。

（二）创作境遇的应变性

（1）声像转化的创造性

播音主持创作主体要对稿件进行分析，通过联想、想象，表达稿件内容，针对现场发生的客观事实，进行即兴口语表达。所以，播音主持创作主体要把握社会脉搏、体察人生百态、流露真情实感、传播人文精神。

（2）创作动态的适应性

传播的时效性。传播的时效性由新闻的时效性决定。播音员、主持人应随时准备应对各种突发情况，因此播音员、主持人应具备以下两种基本能力。一是狭义备稿能力。这是为广义备稿在创作表达方面所打的基础。二是广义备稿能力。这是狭义备稿的前提，是把握全局、增强即兴应变能力的基础。

内容的广泛性。播音主持创作主体需要具备驾驭全局，适应各种内容、形式、要求的能力。

表达的日常性。播音主持创作的鲜明特点是创作的紧张性和连续性，因此播音主持创作主体要反应敏捷，要有毅力和耐力，要善于“从零开始”，要树立强烈的当下意识。

（三）新闻性

从播音主持语音发声的属性、播音主持工作的创造性，可以认识到新闻性对播音主持的重要影响。播音员、主持人归属于一定的媒体，媒体的新闻传播性质决定了播音主持的基本属性是新闻性。

新闻是对就近发生的事实的报道：一方面明确了新闻的公开传播性质；另一方面，由新闻的公开传播性质，决定了播音主持创作主体对报道内容的选择判断和价值取向，决定了播音主持创作主体必须寻找传播内容与受众的利益共同点。不论播音主持创作主体是否自觉，主观倾向性总是寓于对客观事实的叙述之中，但主观倾向性不等于主观片面性。新闻播音强调播音主持创作主体的主观态度，目的就在于使其客观、公正地报道新闻事实。了解播音主持艺术的基本属性，对于播音员、主持人明确自己的职业身份十分重要。

三、工作地位

《中国广播电视学》认为，“播音在广播电视节目中的地位，可以简括为‘传播前沿’‘中介工序’‘联系纽带’”①。

“传播前沿”显示了播音主持工作的重要性。在广播、电视、网络的各类节目中，信息传递的始端是播音员、主持人。这一“传播前沿”的地位，显现了播音主持的独特性。有声语言和副语言的表达，不只是媒体“门面”的问题，还决定了传播的效果。

实现语言转化（“中介工序”）体现了播音主持工作的岗位职能。播音主持首要的和最基本的就是将文本语言转化成有声语言和副语言。

播音员、主持人的根本职责是传播党、政府和人民的声音，引导社会舆论。

① 张振华，张君昌，欧阳宏生 . 中国广播电视学 [M]. 北京：北京国际广播出版社，2018.

从文本语言系统到有声语言和副语言传播系统，是简单的转化，还是实质性的转化，是衡量播音主持水平的标尺。

有声语言和副语言传播系统与文本语言系统有质的不同：它将播音主持创作主体推至台前，充分激发了播音主持创作主体的创造力；它要求播音主持创作主体善于将自己想说、要说，或别人说过、别人想说、别人要说的话，用自己的、适合广为传播的话来表达，借以完成传播的职责。

“联系纽带”表明了播音员、主持人与媒体的相互依存性。当今，各级各类媒体要努力做到“上情下达、下情上传”，贯彻党的路线、方针、政策，传播各项法规、政令，反映各种民生民情，以起到桥梁纽带作用。播音员、主持人依附于一定的媒体，而媒体只有通过播音员、主持人才能实现其桥梁纽带作用。除了播音员、主持人外，记者、编辑、制片人、技术人员，共同组成相对于受众而言的播音主持创作主体。

媒介的性质决定了新闻性是播音主持的根本属性，艺术性是播音主持的核心属性。传播前沿的地位要求播音员、主持人必须正确对待、运用话语权，重视提高播音主持创作中的两个“转化”能力，切实履行有声语言和副语言传播的工作职责。

第二章　播音主持艺术的创作研究

本章主要阐述了播音主持艺术的创作研究，重点对以下三个方向进行了分析，包括播音主持艺术的创作原则、播音主持艺术的创作方法以及播音主持艺术的创作准备等内容。

第一节　播音主持艺术的创作原则

播音主持是艺术创作活动，这种创作活动具有明确的创作目标，符合客观的创作规律，讲求艺术的创作方法，以此形成了它的基本创作原则。具体来说，这些创作原则主要就是实现讯息共享的传播目标，遵循广播电视的传播规律，追求情理交融的传播效果。

一、讯息共享

传播学是20世纪中叶出现的一门新兴边缘学科，它与新闻学、社会学、心理学、文化人类学、信息论、系统论、控制论等许多学科都有着千丝万缕的联系，彼此渗透，相互影响。传播学研究人类社会的一切传播现象，特别是现代电子媒介——广播电视，更是它重点研究的对象，不仅分析它的“渠道特性”，还研究传播者和信息内容。

（一）有稿播报式的大众传播

有稿播报实际上就是代表组织、团体或权威人士转述文论或言论，也适合对文学艺术作品的朗读。它曾经是广播电视中一种主要的语言表达形式，是在“三级审稿播出管理体制”以及“录播机制”下派生出的一种制播手段。它所依托的是一种朗读语言艺术或者说是“有稿播音”方法，它也是当前播音学的主要研究对象。只要广播电视还需要发挥“转述”作用，有稿播报这种语言形式就仍然具有较高的使用价值，在当下和将来都会长期存在。

（二）人际交流式的大众传播

人际传播是人与人之间进行交流和传播的活动，是社会生活中最直观、最常见、最丰富的传播现象之一。人际传播的内容非常丰富，除了交流实用信息和解决日常生活问题外，它还可以彼此交换看法、意见和经验，满足个人的社会性心理需求，沟通人与人之间的情感。在广播电视主持人节目中，主持人与观众之间的互动也可以被看作一种人际传播的形式。人际传播可以分为借助媒介传播和面对面传播两种形式。借助媒介传播的形式包括书信、电话、电报等，它们通过有形的物质媒介传递消息和信息。例如，在广播电视节目中，观众可以通过电话、短信等方式与主持人进行交流和互动。面对面传播则是指双方处于同一时空中直面对方的交流，这种形式可以在演播室内或现场直播等情境中实现。面对面的交流使得信息传递更加直接和真实，同时也增加了情感的表达和传递。这里需要说明的是，人际交流一般是在人们的“私密空间”进行的，一旦进入大众媒介，它就自动失去了“个人的隐私”，变成了完全公开的内容。

在有主持人的节目中，人际传播现象的存在是非常重要的。人们通过观看节目与主持人进行互动和交流，增加了节目的生动性和观众的参与度。同时，主持人也通过大众传播媒体向广大观众传递信息和传播内容。大众传播媒体具有广泛的覆盖面和强大的传播力，可以将信息快速传递给大量的受众。然而，人际传播的社会性和广泛性也是需要兼顾的。虽然大众传播媒体可以触达广大受众，但每个观众的接受和理解程度不尽相同。大众传播和人际传播的结合，可以实现间接控制和直接控制的结合。这种结合可以使得传播效果更加全面和有效，同时也能更好地促进节目的健康发展。

（三）群体互动式的大众传播

日本的社会学家岩原勉很好地阐述了群体的概念。他认为群体指的是具有共同目标和共同归属感的一群人，他们之间存在着互动关系，是个体的集合体。在这个定义中，群体不仅包括了家庭、朋友、街坊邻居、娱乐伙伴等初级群体，还包括具有共同属性的间接社会集合体，如阶层等。这意味着群体既可以是小范围的亲密群体，也可以是大范围的社会集合，其共同点在于成员之间有明确的目标和共同归属感，并建立了互动关系。根据岩原勉的观点，群体的本质特征包括共同目标取向和以“我们”意识为代表的主题共同性。这意味着在一个群体中，成员们有着共同的目标，并且通过互动和合作机制来保障这种共同性。这就是群体传播。群体传播是指在群体内部或群体的成员之间进行的传播互动机制。它涉及信息的传递、意见的交流以及共同目标的实现。通过群体传播，群体的共同性得以体现和加强，进一步形成群体意识。一旦群体意识形成，它会对群体传播产生重要的影响。群体意识可以增强成员之间的凝聚力，提高协作意愿和行动的一致性。它还能够影响个体的态度和行为，根据共同目标和主题共同性来调整个体的观念和行动。群体意识对成员个人的态度和行为具有制约作用。群体意识形成后，成员往往会受到群体的共同目标、共同价值观以及互相交往的影响，从而调整他们的态度和行为，使其更符合群体的期望和规范。群体意识的形成可以提高成员之间的凝聚力和一致性，促使他们在群体活动中保持协调和团结。同时，群体意识的形成是在群体信息传播和互动过程中实现的。群体内部的信息传递、意见交流和共同目标的讨论是群体意识形成的基础。通过这些方式，群体成员能够感知到彼此的关注点，增进彼此之间的了解和认同，进而形成共同的群体意识。

每个群体都具有自己的传播结构，这个结构主要由信息的流量和流向所决定。信息的流量指的是在群体中共同兴趣的范围有多大，即群体内部成员之间共享信息的多少。而信息的流向则表示信息在群体中从哪些成员传递到其他成员的方向。传播结构的不同会影响信息的传播速度、广度和深度，从而影响群体意识的形成和发展。

（四）复合交流式的大众传播

近些年，电视媒体中出现了许多新的传播形式，广播也在千方百计地运用自己的特点发展一些新颖的节目形式。譬如，获得全国第五届“金话筒”奖的广东人民广播电台主持人节目《评说“神舟”首航成功》，运用网络、电话等手段把分散在各地的嘉宾、听众、网友都联系了起来，调用了目前各种技术手段，进一步扩展了节目天地，让分散、远离的人们通过多种渠道“汇聚”在一起，彼此交流。

传播形式越丰富、越多样化，主持人就越需要增强控制与协调能力。不具备这样的能力，就无法驾驭纷繁复杂的传播活动，甚至出现失控情况。例如，人际交流中出现不当的话语、偏激的言辞，主持人不知所措；群体互动失去分寸，导致哄场、冷场；面向大众，主持人却语焉不详、举止失措，缺乏大家风范等。在这样的传播条件下，主持人要能充分调动现场气氛、统摄人心，使得节目流畅自如，妙趣天成。同时，又要能够广泛运用各种材料，引人入胜，发人深省。

每种传播方式都有其优势和劣势，而主持人在三种传播形式相融合的情况下，应该努力发挥这些优势，并适当地选择和调整，避免劣势的影响。把人际传播的情感效应、群体传播的从众效应和大众传播的权威效应充分地调动起来，只有这样才能充分发挥主持人节目的优势，取得最佳的社会传播效果。

播音与主持都是广播电视的传播活动，必须遵循广播电视的客观规律。违背了广播电视的自身规律，就难以达到理想的传播效果。那么，广播电视究竟有哪些规律必须遵循呢？

1. 注重时效，先声夺人

广播电视用于对“新近发生事实的报道”具有得天独厚的优势。广播电视工作者的时效观与报纸不一样，不仅反映“昨天、今天、刚才”发生的事件，它更注重追求现在正在发生的事实的报道。广播电视的电波传送速度是每秒30万千米，在电波覆盖范围内，只要有接收工具（电视、电脑、收音机）就可以接收信息。它不需要检字、排版、印刷、发行等诸多工作环节，可以在此时此刻对此事进行现场报道。在广播电视史中人们对以下几件历史事实留有深刻印象。1981年3月30日下午2点25分美国总统里根走出希尔顿饭店后遇刺。2点30分，美国广播公司（ABC）就播出了记者莱姆·唐纳森发来的报道。2分钟以后，哥伦比亚广播公司（CBS）播出了自己的记者莱姆·塔克发回的同一消息。1986年1月29日北京时间零时许，美国“挑战者”号航天飞机意外失事，在收到英、美电视新闻社通过卫星传来的实况录像以后，中国中央电视台在上午9点20分的《简明新闻》里，以头条位置播出了这一惊人的消息。1997年6月30日至7月1日，世界上很多人都在关注着一个历史性的时刻——香港回归祖国。中国中央电视台向世界各国成功地转播了这一盛况。在连续72小时的实况转播中，主持人白岩松深有感触地说：“这一次报道仿佛参加了一场百米竞赛……但真正的百米我们并没有跑过，因此直播的发令枪一响，我们才真正地离开起跑线，努力跑向终点。”[①]

2. 真实生动，感染力强

通过文字阅读、激发想象得到的感受，与直观形象给人的感受是很不相同的。从人的心理感知过程来说：文字首先诉诸理性（先理解而后感知），而形象却直接作用于人的情感。传播学家从20世纪30年代起就对诉诸情感与诉诸理性的传

---

① 白岩松．痛并快乐着[M]．北京：华艺出版社，2000.

播效果进行了研究。他们得到的结论是，“富有情感色彩的传单对人们选举的影响比‘理智’传单要大得多”。[①] 后来社会心理学家也做了多次这方面的实验和研究，都得出了相同的结论。这说明传播时首先诉诸情感比诉诸理性更可以促使态度发生转变。当然，两种方式各有所长。诉诸情感的近期效果明显，诉诸理性的效果则是长期的、恒久的。但是在实际运用中，它们是不能截然分开的，只是施加影响的次序不同，分量也不一样。广播电视是以直观形象作用于人的听觉和视觉的，感觉直接影响情绪，导致感情的变化，引发人们的思考。如今我们所看到的和所听到的广播电视主持人节目正是那种“一对二、面对面”的拟态环境。在这样的环境中，大家可以敞开心扉、倾情交谈，自然会取得理想的传播效果。当然，广播电视所要创造的并不仅仅是家庭情境，还要根据不同的传播目的选择不同的情境氛围，如闲适环境、严肃环境、游戏环境、自然环境等。

有效地创造情境氛围，是播音员和主持人专业能力的重要表现，俗话说：“闻其声如见其人”，说明声音是可以塑造形象的。“形象化”是广播电视传播的天然优势，播音员与主持人都必须按照这样的规律发展自己的传播能力。

3. 无远弗届，广泛渗透

广播电视信息一旦发出就无法收回，可以漫无边际地传播。特别是卫星和网络使得广播电视信息比较容易实现全球覆盖。不仅如此，广播电视讯息通俗易懂，能够广泛渗透到各类社会群体中。从学龄前儿童到古稀老人，从目不识丁的文盲到学富五车的学者，都可以是广播电视的受众。同时，失明的人可以收听广播，失聪的人可以收看电视。因此“老少咸宜，雅俗共赏”一直是广播电视办好节目的宗旨，力求通俗、使用口语、大众化是广播电视节目的形式特征。

群众性广、渗透性强是广播电视的又一个特点，同时也是它的明显优势。播音员与主持人面对的是一个极为广泛的受众群体。所以他们的语言和表达都应该是通俗化、民族化、大众化的，他们的素养又必须是博学多识、高情远致、善解人意的。尽管现代广播电视正在向“分众化”“窄播化”方向发展，尽管我们也很强调主持人的“个性化”，但这并不意味着广播电视会改变“点对面”传播的大众化性质。

① 韩向前 . 传播心理学 [M]. 南京：南京出版社，1989.

4. 线性传播，转瞬即逝

用辩证的观点来分析广播电视的客观功能，可以看出，它在获得时间优势的同时却又无法保留空间的便利。由于是线性传播，它的选择性和保留性都比较差。因为它的音频和视频信号只能按照时间顺序编排播出，难以选择，过耳（目）不留。反之，作为纸质媒介的报纸杂志则可以空间铺陈，平面编排，供受众任意取舍，反复阅读。

节目编排方式可以有效地克服广播电视信息传播的易逝性。通过将几个不同内容的节目从一个共同的话题切入，形成内在的联系，可以强化同一主题的印象。这样的编排方式可以使节目具有层次感和条理性，使得观众更容易理解和接受信息。同时，通过故意将几条完全相反的信息并列在一起，产生强烈的对比效果，可以增加节目的吸引力。这种对比效果往往能够引起观众的注意，并在他们的记忆中留下深刻的印象。这种“组块”编排方式可以提高节目的质量和传播效果。它使得节目的内容更加连贯，并且在前后呼应的基础上，更有效地传递信息给受众。观众通过这种编排方式可以更好地理解节目的主题和意图，提升他们对内容的关注度和记忆深度。这种节目编排方式首先为主持人节目所采用，并逐步演变成了这类节目的基本特征。到了 20 世纪 60 年代后期，人们从杂志的编排方式中受到了新的启发，发明了“板块节目”结构，也就是“杂志型节目”。杂志型节目采用了板块式的结构，将不同的节目形式和内容融合在一起，形成一个整体有机的节目。主持人需要具备临场应变的能力，能够快速、灵活地适应不同节目形式和内容的要求。他们需要运用巧妙的口才，将各种音响、画面和音乐素材巧妙地结合起来，使得节目的主题和内容之间的转换和衔接更加流畅和有吸引力。杂志型节目的成功离不开主持人的才能和能力，他们承担着整个节目串联和衔接的任务，以实现节目的整体效果和流畅度。

二、情理交融

播音与主持都是以形象化的手段来从事传播工作的。这就使它们具备了艺术的性质。艺术和社会科学的不同之处在于形象性，形象是艺术的核心和基础。它通过视觉、听觉、空间等方面的表现方式，使观众能够感知和理解其中蕴含的意义和情感。艺术通过创造形象，利用色彩、音乐、语言、动作等元素，诠释和传递作品所要表达的主题、情感和思想。在广播电视内容传播中，形象的重要性不可忽视。播音与主持在广播电视节目中的角色，就是通过自身的表现和形象创造，将内容传递给观众，并引起观众的情感共鸣。播音与主持需要具备良好的口才、声音和表达能力，以及专业的知识和文化素养，以创造出更生动、富有感染力和艺术性的表现形式。

（一）播音艺术创作

播音是运用语言艺术进行创作的活动。它不仅仅是依据稿件来进行有声语言的再创造，还包括即兴表达的各种话语艺术。从叙述方式来看，既有转述，又有评述，还有阐述等。从口头语体来分类，大体是朗读体、演讲体和谈话体等。但这些语言艺术活动都是在广播电视的语境条件下进行的，所以也必须遵循广播电视的客观规律。

1. 塑造语言形象

声音可以产生形象，并且在广播和电视中扮演着非常重要的角色。人们常说“闻其声如见其人”，这说明声音可以给人们产生形象和印象。在广播中，通过听到一个人的声音，人们往往能够揣测和辨别出他的社会角色形象，如性别、年龄、身份等。声音的特点、音色、音调、节奏等都可以传递出个人的特征和氛围，从而在听众心中形成对他的形象认知。在广播和电视中，声音的优劣也会给人不同的印象和感受。一个好听、悦耳的声音往往会给人留下积极、愉悦的印象，增加观众对内容的接受度。相反，一个不好听的声音可能会让人产生反感或无法集中注意力。即使在电视中，声音也是一个人总体形象中不可分割的组成部分。

2. 增加语言美感

语言的美感主要体现在有声语言的形式美上。汉语拥有丰富的音韵系统，每个字音节的组合都经过精细的调配与平衡。这些音节的组合产生了不同的音调和节奏，使汉语在发音上能够产生铿锵有力的效果，从而在听觉上给人以强烈的冲击和感受。

语言的韵律从形式特征看，主要表现为语流的节奏感。构成节奏的是两种关系：一是时间关系，显示快慢；二是空间关系，显示高低。把运动中的强弱变化有规律地组合起来加以反复便形成节奏。节奏是广泛存在于天地万物间的一种自然现象，它展现了自然界的和谐与人类的和平。同时，节奏也给人们带来美感。节奏使语言更富有韵律和魅力，能够唤起人们内心和情感共鸣。郭沫若认为，宇宙中的事物都具有一定的节奏。无论是四季更替的时令节奏，还是地壳上山陵溪谷相间的地貌节奏，它们都展现了一种有规律的变化和交替。这种节奏呈现了一种生命的律动，在其中流淌着一种活力和生机。做为艺术家就是要通过观察和感知这种生命的节奏，从一切看似死寂的事物中发现内在的生命力。艺术家通过赋予节奏以情调和色彩，使其成为艺术作品中的韵律。这种韵律不仅是机械地重复，还包含了情感、情绪和情调的表达，使人产生共鸣和享受。韵律是节奏的延伸和丰富，在基于节奏的基础上，通过音调、声音的变化，以及语言、音乐、舞蹈等艺术形式的表达。

3. 丰富语言内涵

丰富语言内涵主要是指有声语言的内容美。它也是古往今来文学艺术家所孜孜以求的那种具象以外的“意蕴”。说得更通俗一些，就是指那种“言有尽而意无穷”的境界。歌德的“意蕴说”把艺术作品分为三个部分：材料、意蕴、形式，意蕴即人在素材中所见到的意义。

一般把前两个部分合称为“内容”。作为一个传播主体，充实自己是非常重要的。通过丰富自己的思想和感情蕴含，我们才能够提供更加深入、富有内涵的内容，从而达到打动人心、发人深省的传播效果。在传播过程中，只是简单传达信息是远远不够的。一个出色的传播者应该努力创造一种意境，通过言辞和语气的运用，将观众或听众带入一种特定的情绪或感受中去。清代学者王国维认为：“言气质、言神韵，不如言境界。有境界，本也。气质、神韵，末也。境界而二者随之也。”[①] 就是说如果产生了情景交融的效果，也就产生了神韵，体现了气质。这也正是播音艺术所要追求的那种境界。由此我们可以领悟到：广播电视的信息含量，并不在于用迅疾的语速传达更多的内容，而应借助艺术的手段来达到“语语明白如画，而言外有无穷之意”的效果。这样的艺术手段运用在传授关系中，可以有效地调动受众的参与意识。

① 王国维．人间词话 [M]. 上海：上海古籍出版社，1998.

4. 完善语言表达

完善语言表达主要是指运用播音语言，准确、鲜明、生动地传达节目内容和广播电视信息。英国的著名作家萧伯纳曾拿“是”字的书面表达与口头表达做比较：说一个“是”字的口头表达有 50 种方法，可是写下来的只有一种。由此可见，学会说话并不难，但要把话说好并不容易。俗话说“上什么山，唱什么歌；见什么人，说什么话”就是指在不同的语言环境下，说话的方式应该不一样。广播电视的多种节目形式，实际上就是提供了不同的语言环境，在这些语言环境中播音有不同的表达要求。所以，播音绝不是一种固定不变的语言模式，也不应该是单一形态的社会语言，应是在广播电视演播环境中多种口头语体的表达艺术。

（二）主持艺术创作

主持人节目的形象主要是由四个因素所决定的：权威性、真实性、亲切感、交流感。由于各类节目的宗旨不同，所以四种因素的运用也会有所不同。主持人是支撑这个节目的核心人物，他的全部工作就是维系节目的形象，争取最好的传播效果。

1. 树立权威性

主持人作为媒介人物，在一定程度上具有权威性。他们的威望、经验和专业能力可以使他们在公众中具备影响力和支配力。正因为节目中始终都存在这种支配力量，才形成了节目的特色，称其为“主持人节目”。反之，如果主持人始终不能在节目中树立自己的威望，或者处处受制于人，甚至任由别人“反客为主”，那么这个节目显然是不成功的。所以节目的权威性就来源于主持人的威望和支配力量。主持人的威望依靠他丰厚的生活积累、精辟的学识见解、高尚的品德修养。而他的支配力量，一方面是媒体授予的，更重要的一方面是他自身所具备的、令人信服的魅力。美国曾有两位年龄很大、待遇也非常好的节目主持人，一位是年近古稀的老媪芭芭拉·沃尔特斯，被美国广播公司（ABC）以年薪 1200 万美元聘为新闻节目主持人，另一位是年过花甲的老翁拉里·金，美国有线新闻网（CNN）曾以 5600 万美元的薪金与他签了四年的合约，继续请他主持谈话节目。这样的薪酬待遇在美国就标志着一种较高的社会价值和地位。为什么他们会享有那么高的身价呢？因为这两位老人的真正价值不在于姣好的外貌、迷人的嗓音（拉里·金的嗓音甚至是沙哑的），而是其渊博的知识、丰富的阅历、深刻的见解以及统摄人心的魅力。

2. 维护真实性

“真实”是主持人节目的生命。它既指节目内容的真实、人物的真实，又指主持人的真情实感。节目有了真实性，才能产生亲切感和交流感。中国中央电视台《实话实说》节目很受观众的欢迎，曾一直保有较高的收视率。其中的原因很多，但主要原因还是在于思想的真实、感情的真实和话语的真实。

3. 表现亲切感

主持人是以个性化、人格化的形式与受众见面的。尽管“我”并不完全代表个人的意志，但仍然是媒体这个“大我”的化身。但是，受众所接触的是一个具体的“人”，这个“人”的态度直接维系着节目与受众的感情连接。让人感到亲切，会缩短主持人与嘉宾受众之间的心理距离。传播心理学的研究表明，传播者的相似性与传播效果之间的联系以人际吸引、喜爱为中介。这就是说，如果人们感到传播者与自己相似，就会喜欢他。换言之，人们都强烈倾向于喜欢那些和他们相似的人。而喜欢传播者，就倾向于接受他的观点。当然，强调“相似性”，绝不意味着一味去迎合受众的观点或情趣，这种“相似”就是求大同存小异，寻求更多的相互理解和共同语言，诚心诚意关心受众、尊重受众。中国中央电视台的主持人倪萍，无论主持《综艺大观》《聊天》，还是《文化视点》，总是给人以十分热情、亲切的印象，她在谈到主持《文化视点》的感受时表示，她会尽力超越自己，但在一些主持上，她喜欢用第一人称与观众交流的特点会保持，因为这样观众常常觉得亲切，她非常珍视这种感觉。

4. 增强交流感

主持人节目之所以受到欢迎，一个重要的原因就是通过主持人节目，人们可以通过电视、广播、网络等媒介渠道表达自己的意见、观点和情感，与主持人和其他观众进行互动。主持人节目与传统节目的根本区别就在于它的双向交流性。事实证明，双向信息沟通的效果大大优于单向信息沟通。这种双向交流关系的建立，取决于主持人的民主观念和平等意识。只要真正与受众平等相处，坦诚相见，尊重大家的意见，倾听群众的呼声，在传受之间建立相互信任、相互理解的氛围，大家就会在这样的氛围中推心置腹，倾心交谈。美国颇负盛名的《拉里·金现场》节目主持人拉里·金总就是将自己的身份放低、放平，而把采访对象置于最重要的位置，把谈话的时间和机会都留给了嘉宾，给他们创造充分表达的机会。

第二节　播音主持艺术的创作方法

播音是一种语言，主持艺术则是传播艺术（其中包括了非语言艺术）。播音员、主持人的口语表达主要是指某种语言表达方法，在不同的语言交流情境下，使用不同的语体表达形式。根据“播音”就是播出有声语言的理解，我们把广播电视中的这类有声语言表达方法分为三种：朗读式播音方法、阐说式播音方法和谈话式播音方法。

一、播音艺术的创作方法

（一）朗读式播音方法

朗读一般都是在“我说你听”的氛围中展开的。在口头语体中，仅仅依赖标点符号是难以准确表情达意的，甚至还会出现与标点作用相反的情况。例如，我们所说的“停连”就与顿号的停顿作用有所不同，往往含有“似停实连”的意味。可以说，“重音”“停连”“语气”“节奏”就是口头语体中特殊的“标点符号”和基本表达方法。

（二）阐说式播音方法

阐说实际上是一种演讲语体，按照《辞源》的解释：演讲就是“引申阐述”或“讲说”。通常认为，演讲就是在听众面前就某一问题发表自己的意见或阐说某一事理。它的基本特征就是：面向大众，阐述己见；出口成章，言之成理。阐说的语言环境带有理性的特点，它是在叙述和阐发的过程中报道事件的，带有明显的评论色彩和探讨价值。主持人在广播电视节目时会出现在各种场合，报道的目的也不完全相同。就节目形式和阐说的内容来分析，大体上会使用以下几种阐说方法：

1. 动态报道

动态报道本来是广播电视记者在新闻发生的现场进行采访和报道的一种形式。事实上，参与现场报道的主持人也不乏其例。最早为人们所称道的是哥伦比亚广播公司的著名主持人爱德华·默罗在1940年8月18日所做的《这里是伦敦》的现场报道。他手持话筒冒着德军的狂轰滥炸，站在英国广播公司的楼顶上，描述现场情况。如今这种报道方式已经越来越多地为广播电视机构所采用。例如：在风云多变的中东地区，中国中央电视台主持人水均益冒着生命危险，深入巴勒斯坦和以色列的冲突地区报道巴以局势的现状；1997年7月1日中国中央电视台主持人白岩松等对“香港回归祖国”进行了成功的全程报道，这些都给大家留下了深刻的印象。英国学者安德鲁·博依德教授认为，与演播室的口头播音相比，现场口头播音为描述准确和最新的报道提供了更多的机会。动态报道也叫现场报道，是一种边观察、边采访、边口述的报道形式，它的突出特点是现场感强。

动态报道要注意发挥以下语言特点：

（1）通俗生动、简洁准确

口头报道是一种调动听觉感受的形象语言。不但要通俗易懂，而且必须简洁准确，这样才能给人以真实感、亲切感。通俗化的一条重要原则就是要具体化，避免抽象化；通俗化的另一层含义就是要采用符合规范的、大众的口头语言。这里既需要遵从普通话的词汇、语法规范，又主张尽可能少用或不用俗语、俚语、行话、术语。生动就是要形象化，避免概念化。具体化、形象化的语言，给人以实感，实的东西看得见、摸得着，能很快在脑子里形成印象。

（2）明察秋毫、反应机敏

新闻现场纷繁复杂，千变万化。记者、主持人必须时刻保持清醒的头脑、敏锐的观察力。这样才能在事件突变的情况下，镇定自若、随机应变。临场慌乱常常是在缺乏细致观察、心理准备不充分的情况下发生的。一旦发生这种情况，就会错失一些重要的报道细节，造成难以弥补的损失。

（3）情绪饱满、真情实感

进行现场报道时，如果记者、主持人处在此情此景中无动于衷，就会给人以置身其外的不真实感觉，当然也就失去了“现场”报道的意义。人们对爱德华·

默罗当年的《这里是伦敦》的报道之所以印象深刻，还有一个原因是充满了感情。他在楼顶上第一次广播，据说是以嘶哑的、颤抖的声音播出的，有时还突然发出呜咽之声。由此可见，爱德华·默罗生动的语言和真挚的感情对这项报道起了重要的作用。

2. 现场解说

不同的现场解说具有不同的特点：

（1）现场解说和现场报道都是在事件发生和发展的同时进行报道的形式

现场解说主要对宏观场面进行直播报道，通过解说员的话语解释和评述，帮助观众理解事件的整体情况；而现场报道则更加注重细节和微观动态，同时兼顾宏观和微观层面的报道，让观众亲身感受事件的实际发展。

（2）新闻一般是组织活动，所以报道是完整的

现场解说的对象一般不是突发事件而是事前有所组织和安排的活动过程。按照活动程序需要做些必要的准备，如撰写解说基础稿或提纲，尽可能搜集与活动有关的材料和资料，进行一些事前的采访，制订直播计划，采取一些技术措施等。

（3）现场直播是一次性完成的，无法对其进行重播或再做事后处理

直播的特点是实时性和同步性，旨在将现场的实况即时传递给观众。如果对现场直播进行重播或再做事后处理，就失去了直播的本意。

体育解说与现场解说的性质与作用基本相同，所不同的是体育解说面对的是更多不可预知的因素，赛场的风云千变万化，输赢得失难以预料。所以解说者必须具备丰富的体育知识、临场应变能力以及伶俐的口才。

3. 口头评论

口头评论在新闻报道中是非常常见和重要的一种表达方式，在新闻报道中，口头评论通常是即时的、实时的观点表达，旨在对事件或问题作出解读和评价。从夹叙夹议的表达特点上很类似于“新闻述评”，但是与一般“新闻述评”所不同的是，这种评论往往带有个性特色和口语色彩。

4. 阐说新闻（也称“说新闻”）

“说新闻”并不仅仅是将文字稿变成口头表达的形式，而是主持人对新闻事实的一种阐释方式。从各国广播电视新闻传播经验中得到的启示表明，广播电视

新闻具有独特的优势，它不仅可以说明新闻事实，还能够阐发新闻的价值，帮助人们更好地理解新闻的意义。“说新闻”需要主持人具备一定的阐述能力和播音艺术。主持人不仅要准确、客观、真实地表达新闻内容，还要能够以自然、亲切和深入浅出的方式进行阐述。通过生动的语言表达、把握节奏和语调的变化、运用恰当的修辞手法等，主持人能够使新闻更加生动有趣，增强观众对新闻的理解和接受度。“说新闻”是一门深入的学问和播音艺术，它要求主持人具备丰富的知识积累和专业素养。主持人需要对新闻进行深入的研究和分析，以便能够准确地阐述新闻的背景、意义和影响。

（三）谈话式播音方法

随着社会的进步和发展，广播电视节目逐渐趋向双向交流，以适应现代社会民主政治建设的需求。这些节目为观众提供了参与、表达意见、提问和互动的机会，使得广播电视成为一种沟通和交流的平台。因此它们的收听和收视率较高，因为它们能够满足观众对参与和表达的需求，并深受群众欢迎。

目前广播电视中谈话形式多种多样，但是大体上可以区分为“访谈”“交谈”“侃谈”三大类。

1. 人物访谈

人物访谈就是采访性的谈话活动。主持人访谈实际上就是由记者采访演变而来的，也就是说当记者的采访报道被固定在每个新闻栏目中经常出现时，它就是“主持人访谈”。与一般的采访活动不同的是，访谈既是记者（主持人）与被采访对象之间的谈话过程，又是一种面向受众的公开的谈话交流活动。资深记者艾丰同志提出的采访“取予观”对我们很有启发意义，他认为记者在采访活动中所进行的一切活动都是为了解决记者和采访对象之间的“取予观”关系，即通过索取和提供情况来完成新闻报道所需的材料获取。取予观意味着记者要主动向采访对象索取相关的情况和信息，这是记者在采访中的主要任务。

从取方（主持人）对予方（采访对象）的要求来看，艾丰希望自己的对象：一是具有他所需要的情况或材料，二是愿意谈出这些情况或材料，三是善于表达或传达这些情况或材料。可以把它们简单地表述为，“有情况”“愿意谈”“善表达”。

从予方对取方的要求来看，艾丰希望从对方那里知道：一是对方想知道哪方面的情况，二是我的谈话在他那里能引起什么样的反应，三是这次谈话会有什么样的后果。简言之，希望主持人“要求明”“反应灵”“交底清”。理想的访谈活动就是由这六项条件来决定的，缺乏其中的任何一条都会产生阻碍，使访谈不能正常进行，其中“有情况”是最重要的一项条件。

2. 深入交谈

如果说访谈是“一对一”“取”和“予”的关系，那么交谈就是多方交流、“共享”和“分享”的关系。话题是“共享”的，感受是“分享”的。没有共享的话题，就会谈不到一块儿去。感受不能分享，心灵就难以沟通，不能形成交流的氛围。以交谈为主要特征的节目形态就叫谈话类节目。国外把这类节目称为“Talk Show”，按字面直译可以解释为“交谈的展示”。中国中央电视台《实话实说》节目主持人崔永元是我国谈话类节目的典型代表，以下就以他所主持的节目《实话实说》为例进行粗浅的分析：

（1）言遂人意

选择大家共同感兴趣的话题，是“共享”的前提条件。关于选题，它有三个基本的要求：重要性、普遍性、相关性，也有人概括为“群众关心、领导重视、有普遍意义”。

（2）语随境迁

交谈总是在一定的场景中进行，要么是演播室内，要么在演播室外。演播室的环境是刻意布置的，而演播室外的环境是可以选择的。谈话双方言语形式的采用、言语内容的理解，都要受到这个场景的影响。这种影响，既有被制约的一面，又有可利用的一面。如何利用语境作用，来改善、提高交谈的效果，是谈话节目不能不考虑的重要问题。

（3）心相照，言相通

除了争辩和辩论之类的交谈外，谈话中不会有谁胜谁负的问题。节目中要形成充分交流和亲切恳谈的氛围，有四个必不可少的重要因素：真诚相待、充满关爱、善解人意、轻松愉快。这种氛围主要是靠主持人去营造的，但是选择嘉宾和群众的类型也是不可忽视的重要因素。

3. 随意侃谈

四川成都茶馆里有一种生活现象叫作“摆龙门阵”，茶馆环境宽松，氛围随意，可站可坐可躺，时时茶水伺候，说者不累，听者不乏，此为“得地利”；茶客多为熟人常客，意趣相向，话必投机。说者有心，听者有意，语笑喧哗，此为“得人和”。天时、地利、人和三者兼得，“龙门阵”自然富聚人气，越摆越火。至于谈话的内容，从来就没有一定之规，想说什么就说什么，碰到什么就是什么。因为说话的目的不是要研究什么问题，解决什么问题，而是要畅叙抒怀。因此，只要说得开心，说得有趣就行。

二、主持艺术的创作方法

主持的基本含义在汉语中有多种解释，《辞源》中对“主持”没有专门的注释，只把它看作“掌管”的同位语。《辞海》中则专列条文做了两种解释：负责掌握或处理，同主张。

在社会生活中，“主持”的现象似乎并不少见。例如，主持会议、主持婚礼、主持晚会，以及主持各类仪式等。但是如果把广播电视主持人理解成为主持、掌管节目的人，似乎牵强。因为主持人在现实广播电视机构中并不一定就是“掌管节目的人”，除非这位主持人还兼有“节目监制”或“制片人”的职责。“主持人中心制”现在不可能、将来也没有必要成为一种普遍的制度。所以，广播电视主持人在传播活动中的角色是组织协调者，他们的责任不是掌管节目，而是参与到传播活动中与受众积极交流，互相沟通思想，并创造共享信息资源的环境。主持人在节目传播活动中需要与观众建立起有效的联系，理解和满足观众的需求，确保节目的流畅进行，并与团队成员密切合作，完成节目的筹备和制作工作，这就需要讲求传播艺术。从广播电视主持人节目的播出过程来分析，这种传播艺术主要是对传播关系的调整，再就是对节目流程的控制。传播关系调整的目的是“求通”，而节目流程的控制则是“求整”。

（一）主持传播的方法

主持人节目作为一种复合形态的传播模式，结合了大众传播和人际交流的因素，具有独特的特征和优势。传统的广播电视节目是以一对多的方式进行信息传播，主持人作为媒体的代表向广大观众传递信息。而主持人节目不同于传统节目的地方在于，主持人不仅是一个信息的传递者，同时创造出更加亲近和个性化的传播氛围，也是与观众进行直接对话和互动的角色。传播学者认为，这种复合形态是一种理想的传播模式。但是，要将人际传播和大众传播媒介成功地结合在一起，就需要技巧和能力。这种传播活动有别于以往的播音创作，主要是在两个方面着力：一是讲求语言艺术，二是把握非语言传播效果。

“脱口秀”原意是指一种以谈话为主的节目形式，后被港台的翻译家按音义结合的方式，译解为“主持人”的代名词。不可否认，主持人开展传播活动的主要手段就是使用有声语言，所以主持人是需要讲求语言艺术的。过去我们讲求广播语言特点，主要是从遣词用句的口语化特征入手的，在表达上也侧重于对书面语体（文体）的转化形式——朗读的研究，并已形成了播音学科体系。直到今天，有些专业教材中还把朗读看作唯一的传播手段。朗读是一种口头语言的功能性变体，不能否认它也是一种语言艺术，这种语言艺术也是适应了传统广播电视播出需要的。实践证明，世界上没有哪一家电台、电视台是不需要读稿子的，只要它还具有社会传播的功能，广播电视中的朗读就会继续存在下去。当然，随着广播电视节目日益丰富，特别是主持人节目的出现，创新语言的表达形式必然会提到讨论的日程中来。这就需要我们把握更多的口头语体传播形式，例如，口头报道、现场解说、说新闻、访谈、交谈、侃谈等。应该说它们都是广播电视的语言传播艺术，也是主持人的基本传播手段。

广播电视的口头语体显然是一个重要的研究领域，现在我们正在研究并完善这些语言传播手段，并需要在实践中不断加以总结提高。不能认为这种节目形式是从海外借鉴过来的就“全盘西化”。应该说，传播语言的民族化、大众化、规范化仍然是我们所追求的方向。如前所述，主持人节目是复合传播的节目形态，主持人既要面对“大众”“群体”，又需要面对个人。“对什么人说什么话”，既是“语境规约”，又是传播交流方法。所以从传播学的角度来着眼，主要考虑语言是对哪些人说的和怎样说。

1. 大众传播中的语言——对大家说

在面对庞大、分散和身份不确定的受众群体时，需要采取相应的策略和手段，以确保信息的准确传达和受众的有效接收。我们在寻找大众传播的有效方法时，需要从两个基本的方面来着眼：一是语言讯息的抽绎度要低，二是语言讯息的冗余度要适当。

语言的抽绎程度可以影响信息的直接性和普遍性。抽绎程度高的语言与具体实际的依存关系较间接，而抽绎程度低的语言更接近普通人的生活，更容易为人所理解。大众文化对生活的抽绎程度较低，它注重接近普通人的生活和满足不同受众的需求，因此在大众传播中扮演重要角色。如果以高雅文化的标准来苛求大众传媒，让其背离实际需求，可能无法与大众建立有效的沟通和连接。因此，大众传播需要在保持抽象度适当的同时，使用通俗易懂的语言。正如传播学家威尔伯·施拉姆所指出的，寻找适合的抽象程度和抽象数量是语言运用中的挑战。这意味着在使用语言进行大众传播时，需要考虑受众群体的需求和理解程度，使用朴素而通俗的群众语言传达深刻的观点。

大众传播媒介被称为“闲暇媒介”，或者说是在一种“非专注性”状态中随意收听、收看的大众媒介。在这种非专注的情况下，语言讯息的清晰度可能会降低，因此，需要适度增加讯息的冗余量来弥补这一缺陷。冗余度指的是超出所需最小量的信息量。语言符号的冗余性特点确保了在传播通道发生故障或受到干扰时，信息仍然能够传递。此外，适当的冗余度还可以为遇到理解障碍的受众提供线索，帮助他们更好地理解传播内容。同时，冗余度也提供了一种检验信息接收效果的参照系。没有冗余度的语言符号会缺乏抗干扰性。在大众传播中，由于大众媒介的闲暇特性和非专注接受状态，适度的冗余度可以提供对抗干扰的能力，确保信息能够有效地传达给受众。应天常先生认为主持人在口语表达中，“冗余”主要有四种表现形式：用同形同义的言语方式传达剩余信息；用异形同义的言语方式传达剩余信息；用追加补充的言语方式传达剩余信息；用不同的言语代码传达剩余信息。作为大众传播中的语用策略，“冗余”是必要的，也是一种口语修辞的手段。在如今的主持人节目中，已经很少有那种正襟危坐、不苟言笑、字斟句酌的传播现象了。我们提倡增加语言的冗余度是适度的，也就是说以受众听清楚、听明白为最低限度，而不需要再无谓地增加许多不相关的讯息。

近年来，随着电信事业的发展，电子传媒的终端已经发展到千家万户，特别是彩色电视和调频广播的普及，使人们的休闲活动越来越集中到家庭这个特殊的环境中。因此，大众传媒的内容和形式如何适应家庭需求就自然地提到了议事日程上来。我们知道，任何一种语言要较好地获得传神达意的效果，除了内容正确、逻辑分明、语言清晰以外，还必须顺应它所处的语言环境。演讲厅、教室、影剧院、会议厅是比较严肃的公共场合，演说家、演员和教师的语言应该规范、庄重，只有这样才能说服对象，把受众的思想和情绪统一起来。而家庭则是一个自如、舒缓、轻松的环境，在这样一个环境中说话则不必追求庄重、规范，而应该力求用亲切、柔和的语气娓娓道来，说错了怎么办？不怕，纠正过来就行了。重复了呢？也没有关系，重点明确就行，人们恰恰要从这种并不怎么规范的交谈中领略生活的情趣。在日常生活中，如果谁用演说家和教师的口吻和一个家庭中的人谈话，人们一定觉得可笑，一定会说他刻板、迂腐、不看对象。同样，在广播电视中，主持人用一板一眼的语言说话，尽管说得字正腔圆，但人们也觉得难受，甚至很反感。因为这种语言和它所处的环境极不协调。

2. 群体传播中的语言——对你们说

所谓公开型的群体交流，主要是指小群体交流的内容和形式都是公开的。其讨论的内容完全对外界公开；其也允许小组成员以外的其他人员，特别是听众在场或旁听。在现代社会，这种公开性小组交谈常常与大众交流的形式并存，即让大众媒介公开报道、转播小组交流的全过程或大部分过程。在西方，这种公开性小群体交流有以广播、电视为媒介公开举行的“讨论会”“专题座谈”“听证会”等。在我国，近年来也常以电视为传播媒介，举行各种形式的座谈和“对话会”。显而易见，这类交流的目的在于让观众、听众获得有关信息。因此，公开型小群体交流除具有一般小群体交流的品性之外，还有其他的特点，如交流环境的开放性，听众、观众的“在场”或间接“在场”，大众传播媒介的介入等。既然具有一定的范围和明确的对象，那么就是一个需要组织起来的受传群体。这个群体是围绕传播者而存在的，所以传播者的吸引力与核心作用就显得十分重要了。在群体传播中，“意见领袖”是发挥组织作用和引导作用的核心力量，如果没有这样的人物来支撑，就会缺乏凝聚力，群体必然会涣散，传播也会失效。所以主持人发挥“意见领袖”的作用，用恰如其分的方式展开话题来调动群体的参与热情十分重要。

（二）非语言传播

在有两个人传播的局面中，有65%的“社会含义”是通过非语言传送的。人类传播中得到的信息有很大一部分来自暗示的方式。非语言手段是传播学的一个概念，它是指除语言以外的一切有意义的传播手段。它们大体上可以分为以下几类：

1. 环境语言

主持人节目所需要营造的就是那种民主交流的氛围和平等对话的语言环境。只有在这样的环境中，“主人”才能春风化雨，“客人”才能感到宾至如归。有了这样的环境，大家也才能知无不言、言无不尽、敞开心扉，充分交流思想。作为传播者的“主人”也必须处在与他人平等的位置上，双方才会真正地互信、互谅和互敬。一旦形成这样的关系，也就比较容易取得理想的传播效果，思想的充分交流和信息的充分共享。这样的传播环境和氛围是需要主持人去着力营造的。主持人节目成功与否往往还与节目情境组织的好坏有关。广播史中人们津津乐道的“围炉恳谈”就是一个典型的事例。美国第三十二届总统富兰克林·罗斯福曾在广播中成功地创造了一种亲如家人、炉边闲话的生动情境，取得了意想不到的良好效果。这个事例启发我们，要取得良好的节目效果，不能忽视环境因素，不能不考虑情境的组织。信息传播的具体情境一般分为物理环境和心理环境。物理环境的组织主要是对选定的演播环境进行精心布置（例如，悬挂渲染物，准备图片、资料等），创造一个令人愉悦的节目背景；引入适宜的音乐、音响来营造一种意境；根据传播目的设置不同的座次排列方式；利用自然环境（例如，纪念地、名胜古迹、新闻事件发生地等）来唤起人们的情境感觉等。

虽然空间和时间是相对应的两个概念，但在现实生活中，它们都是构成环境氛围的两个重要因素。时间因素需要考虑的是，不同的时间段选择何种话题更为适切，如“晚间夜话”“清晨恳谈”“午时闲聊”等；环境因素会使人产生不同的感受，促使人们作出不同的判断；不同的节气、节令会引发不同的话题。例如，“七夕”人们更喜欢以天长地久、悲欢离合等为谈论的话题；中秋佳节则更适宜谈论合家团圆、思亲怀乡等内容；春节则是祈福不尽、恭贺新禧的日子；清明时节则是缅怀故人、寄托哀思的日子；等等。

总之，良好的心理环境和理想的物理环境的作用既是相互的，又是一致的，它们都对传播效果有不同程度的影响。理想的物理环境会唤起人们兴奋、愉快等肯定性情感，从而形成一种特定的心境状态，而这种心境又会投射到周围的事物上去，可以形成整个节目情景交融的效果。

2. 身势语言

身势语言是指身姿、手势、表情等传情达意的方式。主要是以“体语”和“眼语”构成的以动态为基本形式的非语言方式。一般来说，情动于中必形之于外。人的表情、动作、仪态，总是反映着人的某种思想、感情。伯德・斯特尔认为，人的大部分动作就像组成词的字母和音素，是意思表达的组成部分，他把这叫作“体语的最小单位表述”，这些最小单位结合在一起就组成了体态语言。他认为，“体态语言”与人类有声语言（言语）或无声语言（文字）一样都有特定含义。按照体态语言的表达作用，它又可以分成四种：按照民俗习惯和特定语境表达出的象征性体语；对言语进行补充、强调、渲染的说明性体语；显示内心情感的面部表露性体语和暗示某种意味的调整性体语。电视播音员可以有意识地把这些体语在镜头前加以运用。比如，可以用点头、手势等代替自然语言来表达对受众的示意，也可以借助特殊的手势辅助说明，从而吸引受众的注意等。身体各种不同的姿态，都传达一定的信息。有的研究者说，至少有一千种不同的体态语言。有人研究认为，身体放松与否，可以体现出人的种种内心状态，并表露出人际信息沟通状况。麦拉宾认为，人身体最大程度的放松，是上身后仰超过 20 度角，向左或向右倾斜超过 10 度，最不放松的情形，可以从手部肌肉的紧张与姿势的僵硬程度观察到。

身体的各种姿态可以传达丰富的信息，不仅包括脸部表情，还包括肢体动作、姿势、姿态和身体的位置等。这些身体语言的细微变化可以传递情感、意图和态度等重要信息。有研究表明，脸部表情可以传递人约 55% 的非语言信息。脸部表情的微小变化可以反映出喜怒哀乐、兴趣、厌恶等情感状态，从而帮助人们更好地理解他人的心理状态和意图。不同的人际距离也可以传递不同的信息和意味。在亲密区，人们通常与亲密关系的人保持更近的距离，这传达出亲密、信任和亲近的信息。而在个人区、社交区和公共区，人们与陌生人或社交关系较疏远的人保持着一定的距离，以表达尊重、隐私和个人空间的意愿。在主持人的采访过程中，他们的姿势和距离选择都是至关重要的。主持人的采访姿势应该根据不同的情境和采访对象来决定，以达到想要的宣传效果。主持人需要细心观察和理解对方的舒适区域，并尊重对方的个人空间。

“眉目传情”是一种通过眼神和面部表情来传达情感和沟通的体态语言表达方式。在西方文化中，眼睛被赋予了特殊的意义，被视为表达情感和沟通的强大工具。美国传播学者威尔伯·施拉姆在《传播学概论》中这样描述：“广播员洛厄尔·托马斯上电视时，有时向观众眨眨眼，好像是说‘我们对这种严肃的新闻不要太认真了，我们也来看看事情富于人情味的一面吧’。”[①]“眼语”的运用可以在沟通中起到很大的作用。通过微妙的眼神交流，人们可以传达出不同的信息和意图，例如友好、关注、喜悦、挑衅等。例如，在特定情境下，向观众眨眨眼可以传达一种轻松、幽默的情感，从而让观众更好地理解和接受内容。

3. 服饰语言

人的穿着、服饰、打扮有时也会表明某种含义。在古代，服饰曾是判断一个人社会地位、职业、身份的标志。在今天，这些标志已经不一定可靠了，但是仍然可以传达出某些气质、时代风尚、文化特色以及个人的文化素质、价值观念与社会地位等信息。人的穿着、服饰、打扮有时也会给人以强烈的印象，表明某种含义。在电视屏幕上，我们常常会看到一些主持人的穿着打扮与环境气氛极不协调，例如：在地震灾区采访的主持人却是满身的珠光宝气；身着休闲的服装却在谈着一个严肃的话题；明明是悲哀的时刻却有着亮丽的色彩……这些都显得很不得体。

日常生活中，人们也讲究穿着得体。记者身着什么服饰，要根据具体场合而定，例如：到矿井里面去采访，最好穿着工装，戴上安全帽；到农村去田间采访，

① 威尔伯·施拉姆，何道宽译．传播学概论 [M]. 北京：新华出版社，1984.

最好穿着朴素，不要西装革履。在电视传播中，主持人、记者的服装语言，同样具有吸引受传者注意的作用，对其传播的内容也有辅助性劝服作用。

（三）主持“求通”的途径

主持人既是讯息传播中的媒介人物，又是万众瞩目的公众人物，他所承担的主要社会责任就是与受众沟通、协调社会关系、凝聚民心等。主持人的传播活动实际上就是一种思想交流和感情沟通。两千年前，亚里士多德认为在信息传播时，既要诉诸感情又要诉诸理性。这个观点在今天的传播实践中也得到了证实。理性的方法是通过运用逻辑和清晰的思考，以事实和道理来说服听众。这种方法强调逻辑推理、权威证据和客观事实，目的是通过合理的论证和解释来达到以理服人的效果。另一种方法则偏重于情感，通过营造某种情境氛围或动人的言辞来感染听众。这种方法使用感性的语言、故事情节、修辞手法和声情并茂的表达，以引起听众的情感共鸣。主持人在节目中都必须恪守一些基本原则和方法，这样才能够有效地与受众同道相益，共享信息。

1. 人相知，众相望

马克思强调了社会中人们的互动和相互作用的重要性。他认为，个体不能单独存在于社会之外，而是通过社会关系和交互来实现自身的生存和发展。人们在社会中扮演不同的角色，如家庭成员、朋友、同事等，通过彼此之间的互动和交流，共同参与和建构社会的运行。他认为人的本质是一切社会关系的总和。主持人在家庭生活中和社会生活中所充当的角色是有所区别的，例如：在家庭中他可能是一个父亲或者儿子；在单位里他又可能是领导或员工；在社会中，他可能是“人类灵魂的工程师”“人民公仆”“党和人民的喉舌”等。处在不同的社会环境和不同的社会关系中，就需要发挥出各自不同的社会角色作用。既不能用家庭中的角色意识来取代职业角色意识，又不宜用职业角色意识来支配社会关系。所以主持人必须学会正确转换自己的角色意识。

2. 言相通，心相照

语言是沟通人们思想和感情的重要工具。但是常言道：酒逢知己千杯少，话不投机半句多。人们的言语交流总是在一种特定的关系中进行，关系不融洽，交流就不顺畅。反之，言语也是建立这种关系的桥梁，善于言谈显然能够沟通感情、畅达意涵。主持人只有具备这样的语言能力，才能够发挥广泛交流的传播作用。这种语言能力的习得需要遵循以下几项规则：

（1）互敬的原则

马斯洛认为，尊重是人类较高层次的生活需要之一，这一点在心理需求理论中表明。相互之间的尊重是文明社会的基本特征之一。尊重的满足对于个体的自信心、上进心和心理健康至关重要。人类天生具有自尊心，希望被他人视为重要的和有价值的人。当人们感到被尊重时，他们更容易建立积极的社会关系，表现出更高的工作动力和创造力。而缺乏尊重会导致人际关系的紧张、疏离感，甚至影响个人的工作表现和幸福感。因此，主持人的语言要遵循互敬的原则。

（2）互谅的原则

互谅的原则要求主持人胸怀开阔、宽宏大量、容忍谦让。在主持人节目中，特别是各抒己见的谈话节目，难免会有意见的交锋，观点的争议，有的还会牵涉个人或团体的利益，如果事无大小，动辄训斥，以针尖对麦芒，心理的距离会越拉越大，话题会越来越谈不拢。

（3）互通的原则

理解的原则要求主持人不要只从个人的意志、心理和需求出发来表情达意，而更要多站在别人的角度和处境上，去理解对方的心理与情感、言行与需求，以求得双方在一定程度上的价值认同，从而使传播得以顺利进行，达到预期的交流目的和言语效果。这也就是所谓“换位思考”的基本含义。

（4）互适的原则

任何言语交际，都是与某些特定的社会环境、特定的交际对象、特定的交际宗旨联系起来的。主持活动与一切社交活动一样，都是以与对方进行信息、情感交流为目的的双向互动的过程。要达到交流的特定目的，不仅要看表达者的言语形式能否恰如其分地表情达意，还要看交际对象能否准确理解、乐于接受。

3. 礼相随，情相融

每个民族都有自己的风俗习惯，这些风俗习惯在特定时间和空间影响着社会关系的方方面面，主持人的传播活动当然也不例外。而其中对传播影响最大也最直接的是言谈举止间的礼俗传统。中国素称礼仪之邦，所以人际交流中的礼俗也特别多，它不但贯穿从见面到分别的全过程，而且涵盖交际的各方面。

儒家文化是中华民族的主要文化形态，而儒家文化的核心是为人之道，即修己安人，锤炼人格，它的标准就是“合礼”。对于礼的实质，孔子在《礼记·仲尼燕居》中说：“礼也者，理也。乐也者，节也。启子无理不动，无节不作。”这就是说，在孔子看来，礼就是事情之理性，是不可不遵循的规律，违礼则乱，礼是人们一切行为的根本规范。他认为礼的运用就在于“和”。《论语·学而》：“礼之用，和为贵。先王之道，斯为美，大小由之。有所不行，知和而和，不以礼节之，亦不可行也。”和，即和谐、适中、恰如其分。《论语·子路》：“非礼勿视，非礼勿听，非礼勿言，非礼勿动。”这“四勿”正体现了这种价值观念。在中国古代，“礼”具有社会政治规范和行为道德规范的双重含义，对维系人际关系十分有益，所以说，“合礼”是中华民族重要的价值观念。

以上我们所讨论的主要是在汉民族文化圈内的问题，然而，在如今的信息化时代，跨文化交流显得越来越重要。我们不仅要学会与本民族人交流思想和情感，还要学会和外国人交流思想和情感。

第三节　播音主持艺术的创作准备

创作准备（过去称为备稿）有两方面的含义：一个是广义备稿，另一个是狭义备稿。

一、广义备稿

创作准备最重要的是广义准备，过去我们习惯称之为广义备稿。广义备稿是指不断地学习和积累。它是播音主持创作的基础，是播音员、主持人专业修养和文化功底的体现，是创作准备中最重要的内容。

广播电视节目内容丰富、形式多样。新闻性节目时效性强，具体准备稿件的时间十分紧迫。文学性、文艺性作品内涵丰富，涉猎面广，需要极为广博的知识和修养。作为语言传播工作者，播音员、主持人应该具备较高的政治觉悟和理论知识、广博的文化知识、较丰富的艺术修养、深厚的专业基本功、熟练的语言表达技巧。这些修养的获得不是一朝一夕的，需要在实践中不断地学习和积累。

上海人民广播电台播音指导陈醇认为播音员（节目主持人）必须音色优美、语音规范、吐字清晰，不但语言能打动人，还要有真情实感，这就要求播音员深入挖掘文字作品的内涵，准确把握它的思想。对内容理解得越深刻，播音才会越有激情，越有感染力。这就得多读书、广读书，使自己具备较深厚的文化积淀。可以说，播音和读书的紧密联系是与生俱来的，读书是播音员语言表达艺术的基石。

广义备稿概括来说主要包括思想政治、文化知识、专业技能三大方面。具体表现为较高的思想政治觉悟和理论水平，广博的文化知识，深厚的专业基本功和艺术修养，深厚的语言功力。说到底，广义备稿的落实还是与怎样做人、做什么样的人有着密切的关系。广义的创作准备是一个“如何做人”的问题。简单来说，做好播音工作需要“德”“人文”“话语权”。

话语权，是话语权力，掌握着话语的走向和内涵。稿件可以获得生命，话题能够激发活力。要增强语言功力，要发挥传播魅力，要加深文化浸润，要驾驭话语推进，就不应使话语权萎缩或泛滥。珍惜话语权，凝练话语权，高效、高质地运用话语权，正是有声语言创作的智能所在。反过来说，因为掌握了话语权，可以赋予话语意义，可以充实话语内容，可以赋予话语美感，可以升华话语品质。其间，存在着人文内在的驱动。而种种价值取向正在于“德”的高度观照和细微权衡。

二、狭义备稿

狭义备稿指的是每一次播音主持创作前对每一篇稿件的具体准备过程。下文以中央人民广播电台的创作经验为例，说明准备一篇稿件的方法可以多种多样，但明确表达宗旨内容、满足对象期待等是不变的法则。

从人民广播诞生之日起，关于创作准备的方法就一直备受重视。例如，在1955年试刊的《广播业务》杂志上，刊登了中央人民广播电台播音组集体讨论的文章《克服报告新闻的八股腔》，把“准备稿件”确定为“播音员准备和报告新闻的基本原则和方法”，同时，也作为一项工作制度被确定下来。在谈到播音员怎样准备新闻和报告新闻的问题时，文章认为“真实性和准确性是新闻的基础。”还特别指出保证新闻的准确和真实是对播音员的极其严格的要求。这些极其严格的要求中还包括“不容许有一字之差”的要求，具体内容如下：

播音员在准备稿件时，必须首先清楚明了稿件的内容和思想实质，仔细检查各种事实，注意新闻稿中的姓名、日期、城市、村庄、区域、企业和机关名称、引用文、引证句、专门术语、数字等等的正确性和读法。在时间允许的情况下，和编辑同志一起校对稿件，互相指正。在播音中，播音员要绝对忠实于广播稿的一句一字，不容许有一字之差，发生错漏必须立即更正。播音员必须迅速而准确地把事实传达给听众。

准备时间的充足性对于播音员来说非常重要。通过充分的准备，播音员可以更好地熟悉和理解稿件内容，把握节奏和语调，以及对可能出现的意外情况做好准备。当然，紧急情况下有时难以得到充分的准备时间。在这种情况下，播音员可能需要直接与审稿人会面，在审稿过程中逐条准备稿件。这要求播音员能够快速理解稿件内容，准确地解读和表达，并迅速作出适当性的调整。同时，播音员还应该锻炼自己能够在毫无准备的情况下准确地播报稿件的能力。这样，他们才能够更好地应对各种情况，确保播音效果的质量和准确性。

这篇关于准备新闻和报告新闻的基本原则和方法的文章，特别提出了播报新闻需要注意掌握的要点和需要运用的一些基本原则和方法：

①要知道自己说的是什么，即要按照正确的逻辑分析稿件，从稿件的事实中找出主要的本质的东西——中心思想，然后找出每句话的重点，按照事实的逻辑来说明事理。

②要知道自己是为什么而说，即要明确自己对稿件的态度，根据对稿件的分析和理解确定自己的态度，并在播音中显露出自己对稿件的态度，使语言为一定的任务而发。

③要知道自己是说给谁听的，即要为听众无微不至地设想，紧紧地联系听众。

④基于对稿件的正确分析等认识的基础上，确定表现方法，即基丁对稿件的

正确分析，基于对稿件的明确态度，基于对听众的设想，确定表现方法（对句读、逻辑重音和速度的处理）。

以上这些重要的创作原则总结了新闻播音创作的基本规律。正是在这样的创作原则的指导下，才催生出人民广播电视事业丰富多样的有声语言表达典范，例如齐越的朗诵式、夏青的宣读式、林田的讲解式、费寄平的谈话式。

以上内容以中央人民广播电台的播音经验为例证，总结了播音员依据文字稿件进行有声语言创作的经验和心得。由于稿件类型不同、文体不同，甚至是不同的人进行创作，其准备的方式与方法也不尽相同，但创作前进行必要的准备应当成为一个不变的法则。对于我们常说的无稿播音应该也如此，在没有文字稿件作为创作依据的情况下，明确话语表达的主题、设想怎样准备材料、提炼核心观点、规划话语层次、设想话语对象等问题，都是需要提前准备的，这些都属于即兴口语表达的创作准备范畴。

三、备稿六步

除上述步骤外，“备稿六步”也是中国播音学教学体系中普遍使用的一种稿件准备方法，它概括总结了播音主持创作准备阶段的基本规律与基本方法，无论对初学者还是一线从业者，无论是有稿播音还是即兴谈话，都具有一定的指导意义。

“备稿六步”是指播音员、主持人对播出稿件（每一篇具体稿件、每一个具体话题）等“文本”的准备方法、要求和步骤。

一般来说，准备稿件的主要程序有：

拿到稿件，首先是阅读稿件，扫清文字障碍。遇到生字、生词，不懂的术语，看不清的字迹等文字上的障碍，要查字典、向编辑请教，甚至向有关单位查证。

如果时间允许，要上口试播，或把拗口的句、段多读几遍。主持类稿件要设想主持环节中可能遇到的问题，设计解决的思路，做到心中有数。

遇到急稿，只能边阅读、边理解、边感受、边设计表达，甚至会出现“六步并成一步走”的情况，有经验的播音员、主持人给大家的感觉是即便不使用备稿六步的方法也能很好地完成播音主持任务，那么，我们还有没有必要坚持进行备稿六步的创作准备呢？

答案是肯定的。备稿六步总结了播音主持工作在创作准备阶段的基本规律和基本方法，它不能仅仅被理解为“六个步骤”“六个方面”或者“六个环节”。对于初学者来说，熟练掌握播音主持创作的基本程序和方法，有利于大家深入理解稿件，明确稿件准备中应该注意的方方面面的问题，养成良好的创作习惯。同时，也能解决“播的是什么内容”“对谁来播”“为什么要播”“怎样播”等问题。

下面我们结合创作实例，示范讲解怎样进行播出前的创作准备工作：

（一）划分层次

1. 归并

归并是把内在联系比较紧密的段落归并为一个层次。[①] 如果篇幅比较长，还应把内在联系比较紧密的层次归并为一个部分，部分里再分层次。归并完部分、层次之后，在归并的基础上简明扼要地概括层次的大意。经过归并环节之后，在脑海中对稿件的脉络会有一个明确的认识，形成文脉结构图。段落层次之间的逻辑关系明确了，播起来就会心中有数，更易让人听清楚、听明白。

2. 划分

划分是指从“便于听”入手，把自然段化整为零，区分出语言推进的小层次。划分小层次是把握稿件语脉走向、克服“见字出声”问题的基本方法。划分和归并一样，是帮助播音员、主持人把文字语言转换为有声语言的有效途径，老播音员常说的把句子“串成线，抱成团”指的就是这项工作。一般来说，短小的自然段可以不用再划分，较长的自然段应该划分句子的层次。下面举例说明：

> 塔基如果毁了，就意味着随后线路的规划全部要重新调整，在连续五个多小时的时间里，丁燕生一直和抢险队员们在一起，刺骨的寒风、不断袭来的高原反应，让很多工人体力不支，而丁燕生，扛不住了，吸一口氧气又接着指挥，终于将险情排除，保住了基坑。而这样的技术抢险，丁燕生就遇到了不下 20 次，他和他的技术团队还在冻土回冻等方面提炼了一批具有国际前沿性的成果。

这一段新闻怎么播？从理解稿件内容的角度来说，可以划分成三个小层次：

① 张颂．播音创作基础：第三版 [M]. 北京：中国传媒大学出版社，2011.

第一层次：塔基如果毁了，就意味着随后线路的规划全部要重新调整。

第二层次：在连续五个多小时的时间里，丁燕生一直和抢险队员们在一起，刺骨的寒风、不断袭来的高原反应，让很多工人体力不支，而丁燕生，扛不住了，吸一口氧气又接着指挥，终于将险情排除，保住了基坑。

第三层次：而这样的技术抢险，丁燕生就遇到了不下 20 次，他和他的技术团队还在冻土回冻等方面提炼了一批具有国际前沿性的成果。

一个自然段里内在联系较紧密的句子被划分成三个小层次，这三个小层次相互协同，说明了丁燕生技术抢险的艰难和所作的贡献。这三个层次之间的关系是：第一小层次假设塔基遇险的后果，“随后线路的规划全部要重新调整”，这一句的重点是说，如果塔基遇险，后果有多严重。第二小层次介绍了丁燕生和大家艰难排险的过程。第三小层次，20 多次这样的技术抢险使丁燕生的团队提炼了一批国际前沿性成果。整个自然段的句子经过这种“归堆儿”“抱团儿”之后，意思的走向更加明确了，这样就能避免播成一大片的情况。

根据上面的划分，我们对稿件意思的理解明确了，那么处理稿件对表达中形之于声的指导作用具体体现在哪里呢？体现在有声语言表达的目的性落实上。

第一小层次，以假设句的形式表明塔基毁了的后果——“塔基如果毁了，就意味着随后线路的规划全部要重新调整”。这一层次应注意“如果”这种假设语气的落实，语句表达的重点在“规划全部要重新调整”，特别是“全部”“重新调整”这两个意思要拎出来，告诉受众塔基毁了的后果是什么。

第二小层次，“在连续五个多小时的时间里，丁燕生一直和抢险队员在一起，刺骨的寒风、不断袭来的高原反应，让很多工人体力不支，而丁燕生，扛不住了，吸一口氧气又接着指挥，终于将险情排除，保住了基坑。”这个层次又可以分为三个更小的层次，第一句“在连续五个多小时的时间里，丁燕生一直和抢险队员们在一起”，这句表达的重点是“五个多小时”“一直在一起”。下一层回答是在什么样的环境里，“刺骨的寒风、不断袭来的高原反应，让很多工人体力不支，而丁燕生，扛不住了，吸一口氧气又接着指挥”，这一句的前半句“刺骨的寒风、不断袭来的高原反应，让很多工人体力不支”，说明条件很艰苦，要多连少停；后半句的停顿可放在“扛不住了”后面，加一内在语以体现思考、疑问的色彩，突出“丁燕生怎么办”？后面的意思给出了答案：“吸一口氧气又接着指挥”。后面的意思再接着推进，第三句“终于将险情排除，保住了基坑”这一句以欣喜、欣慰感收尾，这也是第二小层次的收尾句。

第三小层次的表达从转折感进入，以赞扬的语气说完“不下 20 次”，再接递进感进入，重点推向“国际前沿性的成果”，语气中带有肯定、自豪的色彩。

当然，语气在表达中的落实并不需要在“创作准备”这一部分完成，但是，语气的落实需要以明确语义理解作为基础。只有表达前做到心中有数，才能充分地指导创作，使我们的每一句话都为说清意思服务。

对一句话的播音，看起来是一件简单的事情，但是，不糊弄听众就很难了，要做到长年累月坚持良好的创作习惯才行。只有吃透稿件的内容和思想的实质，经过充分的准备，把事件的来龙去脉装在心里，播出的时候才能做到意义明确。

（二）概括主题

主题就是稿件的中心思想，是稿件中提出的核心问题。明确主题能够激发创作者的播讲愿望，使稿件的表达更有目的性。

明确主题对播音主持创作的重要性在于：任何一次播音主持创作都存在围绕什么主题进行传播的问题，这是有声语言创作的纲领。了解作者的创作意图，对进一步掌握稿件的精神实质、激发播讲愿望具有指导意义。

概括主题的方法有一定的规律性，在不同类型的稿件中要抓住不同的特点，抓住稿件的主要内容、主要事件、文体特征等因素，通过这些来透视稿件的精神实质。一般来讲，叙事类的稿件，要注意从事件的发生、发展、结局，人物的环境、性格、言行等方面挖掘主题；人物特写、人物通信类稿件的主题也是如此，要注意从人物的言行、事件的发展中去挖掘；评论性稿件的主题要注意中心论点的落实，要从稿件论点、论据、论证的过程中去寻找中心论点，归纳主题。

主题的概括要言简意赅，一语中的，要注意它的明确性、具体性和行动性。所谓主题的明确性，就是指概括主题要有思想深度，要准确，不要似是而非。所谓主题的具体性，是指概括主题不要离开稿件的具体内容，不可空洞笼统，要找到在“这一篇”稿件的表达中有利于体现主题思想的“这一句”。主题的行动性是指概括主题要有利于调动创作者的播讲愿望，激发非说不可的愿望，一见这个主题，便有“播出去”的行动意向。有声语言的表达一定要通过具体的感情色彩体现出来，这样才能让受众感知到。要想概括好主题，必须提高自己的分析能力和概括能力，通过不断学习和反复练习才能达到上述有关要求。

（三）联系背景

历史背景、写作背景和播出背景是一篇稿件背景的重要组成部分。创作者应通过深入理解和准备，将这些背景层面统一起来，在有声语言表达中形成有机的整体，以提供更丰富、深入的播讲体验。

例如，《白杨礼赞》这篇稿件涉及的历史背景是：当时抗日战争正处于相持阶段。国民党在 1940 年 10 月制造了“皖南事变”，并进攻抗日根据地，日寇也因此肆无忌惮地对我敌后抗日根据地进行疯狂的扫荡。

文章的写作背景是：1941 年 3 月，茅盾根据自己从新疆归来赴延安途中的见闻和感受写下了这篇散文。作者以昂扬的激情，通过对白杨树的赞美，歌颂了在中国共产党领导下坚持抗战的北方农民以及他们所代表的中华民族的质朴、坚强、力求上进的精神。由于文章发表于国统区重庆的《文艺阵地》，为了应对国民党严格的文字审查，文章只能以“曲笔”歌颂白杨树的方式，表达他对共产党、对根据地军民的衷心赞美。

播出背景一般是指播出时的思想潮流、社会氛围、时代特点、话语习惯等。稿件的播出背景是指导播音员、主持人理解为什么在这个时候播出这篇稿件的依据。在新闻性稿件的播出中，要联系上情和下情两个方面的内容：上情指党和政府的路线、方针、政策等；下情指国际、国内各方面的现实情况及其变化，下情里还包括“主流”和“支流”。

不同类型的稿件这三个背景有时是一致的，有时是不一致的，每次播出时都应该加以区分。新闻性稿件是新近发生的事实报道，稿件事实的历史背景、作者写稿时的写作背景和播音员、主持人播出时的播音背景大体上是一致的。在文学欣赏节目中播出古代、近代、现代的稿件时，三种背景会有所不同，在播出的时候一定要区分清楚。

（四）明确目的

目的是有声语言表达的统率。每一篇稿件、每一个话题，都是在总的传播目的的统率下进行的，播出时要落实播音员、主持人具体的播讲目的。播讲目的在传播目的统率下进行，不能与传播目的相违背。

前面所做的厘清层次、主题、背景的工作是为理解稿件打基础的，到落实播讲目的这个阶段，就进入形之于声的环节了。和稿件主题不同，稿件的目的具有稳定性，但播讲目的在不同时期有不同的侧重和表现，在具体的稿件中也有不同的表现与表达。播讲目的是对稿件作者意图的升华，播音员、主持人只有把握住播讲目的，才能充分发挥广播电视教育人、鼓舞人的作用。例如《中国石拱桥》一文，如果我们把这篇文章的主题思想局限在我国古代有各种各样的石拱桥，它们分别是赵州桥、卢沟桥等这个层面上，这篇文章的立意就太简单了，起不到广播电视节目应有的教育人、鼓舞人的作用。

如果我们把这篇文章的主题思想概括为：通过《中国石拱桥》一文的介绍，让受众了解中国石拱桥在设计施工上的独特创造和高超的技术水平，充分认识祖国文化遗产的宝贵，劳动人民的勤劳、智慧，从而激发受众的爱国热情，树立献身科学的志向，弘扬严谨务实的民族精神。在这样的主题思想的指导下，如果我们的语言表达目的是激发受众的爱国热情，《中国石拱桥》一文的播出就要抓住我国的桥梁建造技术在历史上如何先进，都有哪些具体的创新，在世界科技发展史中居于什么样的历史地位这样一个思想感情运动的脉络。如果我们的语言表达目的是弘扬严谨务实的民族精神，《中国石拱桥》一文的播出就要抓住石拱桥的修建都有哪些具体的技术细节，它们是怎么发明创造出来的，它们的历史贡献有多大，在世界先进技术的发展中分别居于什么样的位置这些要点。两种不同的播讲目的，播出时落实思想感情运动的脉络走向是略有不同的，播出前要仔细区分。

（五）找准重点

重点部分在播音创作中具有重要的地位和作用。它们是能够最集中、最典型地表现主题、体现目的、抒发感情和感染受众的关键环节。对于播音员、主持人而言，准确把握和突出这些重点部分，能够使创作更加精准而有力地达到预期的播讲目的。

在稿件中，重点的表现方式可以分为集中和分散两种形式。集中的重点表现为一两个重点部分、重点层次或重点段落。这些重点部分在整篇稿件中具有突出地位，它们是核心内容、关键信息或最有影响力的部分。分散的重点则分布在几个部分、几个层次、几个段落之中。这些分散的重点在整篇稿件中并不集中在某个特定的部分，而是分散在不同的部分中，它们对整体的影响和意义同样重要。

重点落实之后，还要处理好主次关系。主次关系的把握能够使稿件的表达有松有紧，有详有略。那些不是重点的部分，在播出时就属于次要的内容，次要的内容有时候也不能采用一带而过的方式处理，而要做到详略得当。重点与非重点内容之间一般都有一定的内在联系，有的映衬铺垫，有的补充说明，有的交代过程，都与主要内容之间形成有机的整体。老播音员形象地把目的比喻为红线，把重点和非重点比喻为大小不等、色彩纷呈的珠子，主张用红线（播讲目的）把大小珠子（重点与非重点）巧妙地连缀成精美的艺术品（完美的播音作品）。这是一个非常准确的比喻，这一规律同样适用于节目主持中的有声语言表达。总之，对重点内容可以采用分清主次、突出重点的方式来处理。

（六）确定基调

基调是有声语言创作中的基本格调和整体情调。基调反映了播音员或主持人对稿件的认识、理解和感受的综合结果。它既包括稿件本身固有的基调，也融入了播音员或主持人的播讲态度，这是在播讲目的的制约下形成的。每篇稿件都有其特定的感情色彩和分量，可以是昂扬的、凝重的、明朗的、深情的等。基调可以说是衡量一篇稿件播放是否成功的最直观的判断标准之一。播音员或主持人在创作时需要准确捕捉稿件的基调，并将其转化为自己的内心体验和情感表达。通过声音的调节、语调的变化、音色的处理等手法，他们能够将基调传递给听众或观众，使他们能够在聆听时感知到整体的思想感情色彩和氛围。

在表达中，落实基调要求有声语言的表达要做到理解、感受与表达的统一，要求声音形式与稿件的体裁风格统一。那么，怎么找到每一篇稿件的基调呢？

首先，应从稿件自身入手，即从稿件的内容和稿件的形式两方面入手。依据前面五步的创作准备，我们对稿件中的人物、事件、场景有了具体的认知，对稿件作者的态度、倾向有了认识，对稿件文本的语言风格有了体验，在这个基础上就可以概括出“这一篇”稿件的基调特点，例如“坚定昂扬”“热情赞颂”“深沉豪迈”“朴实含蓄”等。

其次，可以从稿件涉及的各项外部因素把握播讲的具体态度及分寸。结合播出背景和播讲目的，找一找“这一篇”稿件处理的态度分寸，例如“热情赞扬”“愤怒斥责”“深切缅怀”“耐心说服”等。

从总体上来说，在“备稿六步”的创作准备中，划分层次、概括主题，集中解决的是播出的内容“是什么”的问题；联系背景、明确目的，是回答“对谁播”和“为什么播”的问题；找准重点、确定基调解决的是“怎么播”的问题。有声语言创作是从创作准备起步的。

下面，我们根据创作准备中“备稿六步”的具体要求和方法，对《党旗飘扬在“电力天路”上》进行稿件分析，并写出如下分析笔记：

四、创作准备案例分析

《党旗飘扬在“电力天路”上》

①正在建设中的青藏联网工程施工人员所要面对的是90%施工线路都在海拔4500米以上，含氧量只有内地的50%，极端温差最大接近70摄氏度的情况。在如此恶劣的条件下，他们在共产党员的带领下，靠着坚强的信念，在极限和挑战中，架设着一条“电力天路”。

②青藏联网工程是迄今为止在“世界屋脊”上建设的规模最大的输电工程，总投资162亿元，在西宁、格尔木至拉萨之间架设1774公里的输电线路，结束了西藏电力孤岛的历史。

③虽然已是6月，但当记者来到青藏联网施工现场时，这里仍下着冰雹，工人们正紧张地进行放线，这比原计划提前了整整一年。而去年刚开工时，四川籍外协工曹广贵还为工程能否如期完工担心着。当时他

的小队由于受不了恶劣环境，就有20名外协工下车后，连行李都没打开就走了。

曹广贵：他们说报酬，钱当然大家都想挣，但是身体真受不了。

④虽然有医疗和后勤的保障，工资也很诱人，但是最严重时，每个标段流失的外协工依旧达1000多人。而曹广贵却选择留了下来。

曹广贵：既然别的人能做，我们也能做。

记者：你说别的人都能做，那些人是谁啊?

曹广贵：是党员。

⑤张洪兵就是感动曹广贵留下来的党员之一。这位成都汉子，在青藏高原已经待了十多个月。

记者：这嘴上怎么都起泡了?

张洪兵：太阳晒的。

记者：您能把您的眼镜摘下来吗?

张洪兵：太阳晒的。全是太阳晒的。

记者：都变成大熊猫了。

张洪兵：对，没办法。

⑥在曹广贵的眼中，这些党员就是不一样，不仅关心他们，而且在施工中，还处处起到带头和表率作用。

曹广贵：人家吃饭了，他们还没吃饭，还在干活。苦吃的比我们多。

⑦因为感动，曹广贵不仅留了下来，而且还萌生了入党的想法。

曹广贵：我想当个党员，学他们一样，好好地为国家干活。我准备向二公司申请一下，能不能入党。

⑧和曹广贵一样，全线两万多外协工也在党员的感召下，最终选择了坚守。

⑨在青藏联网的施工现场，我们不仅能看到飘扬的党员先锋队鲜红的旗帜，更能看到党员身上那一枚枚鲜红的徽章。这旗帜和徽章不仅仅是一种象征，更是一种力量的源泉。

⑩丁燕生的胸前也有这样一枚徽章，作为青藏联网工程的副总工程

师，他原本的岗位应该在北京，但是责任让他选择留在了青藏高原。

王国尚：丁总始终就是说，我们要积极主动到现场去配合工作，不要叫现场缺氧的人去等我们有氧的人。

⑪ 高原冻土的大面积开挖是个世界级难题。去年 9 月，在海拔 4500 米的五道梁施工现场，基坑刚一开挖，在阳光的照射下，冻土迅速融化，基坑周围就开始不断坍塌。

曹学彬：随着面积扩大，坍塌速度会越来越快。很快就会形成像篮球场、足球场那么大的一个大水坑。

⑫ 塔基如果毁了，就意味着随后线路的规划全部要重新调整，在连续五个多小时的时间里，丁燕生一直和抢险队员们在一起，顶着刺骨的寒风、不断袭来的高原反应，很多工人体力不支快要倒下了，而丁燕生，也要扛不住了，却吸一口氧气又接着指挥，终于将险情排除，保住了基坑。而这样的技术抢险，丁燕生就遇到了不下 20 次，因此他和他的技术团队在冻土回冻等方面提炼了一批具有国际前沿性的成果。

丁燕生：困难就是一块试金石，在一次次挑战中，我们就是要把这种信心和信念，传递给我们整个队伍。

⑬ 茫茫的青藏高原上，共产党员们用信念做支架，用身体做云梯，一座座银色的电力铁塔在他们的手中高高耸起，它们就像一条电力天路向拉萨延伸。

⑭ 今年 11 月份，这条西藏人民盼望已久的输电线路将竣工投产，它将为西藏的经济社会发展注入强大的动力。

（一）层次

全文共分 14 个自然段（已在文中标出），分别意思如下：

第 1 自然段，青藏联网工程施工人员在党的带领下，战胜极端恶劣条件架设“电力天路”。

第 2 自然段，青藏联网工程的基本情况和修建意义介绍。

第 3 自然段，施工条件的艰苦，许多人都走了。

第 4 自然段，外协工曹广贵留了下来。

第 5 自然段，党员张洪兵在青藏高原已经待了十多个月。

第 6 自然段，曹广贵看到党员处处起带头作用。

第 7 自然段，曹广贵留下并想入党。

第 8 自然段，两万多外协工和曹广贵一样留下了。

第 9 自然段，党旗和徽章是力量的源泉。

第 10 自然段，副总工程师丁燕生也是党员。

第 11 自然段，高原冻土的大面积开挖是个世界级难题。

第 12 自然段，丁燕生和他的团队 20 多次抢险，在高原创造出具有国际前沿性的成果。

第 13 自然段，党员用信念和身体架设“电力天路”。

第 14 自然段，“电力天路”将为西藏的经济社会发展注入强大的动力。

根据对以上每一段意思的了解，我们再对这篇文章进行归并和划分。可以把这篇稿件归并为三大部分、五个层次（图 2–3–1）。

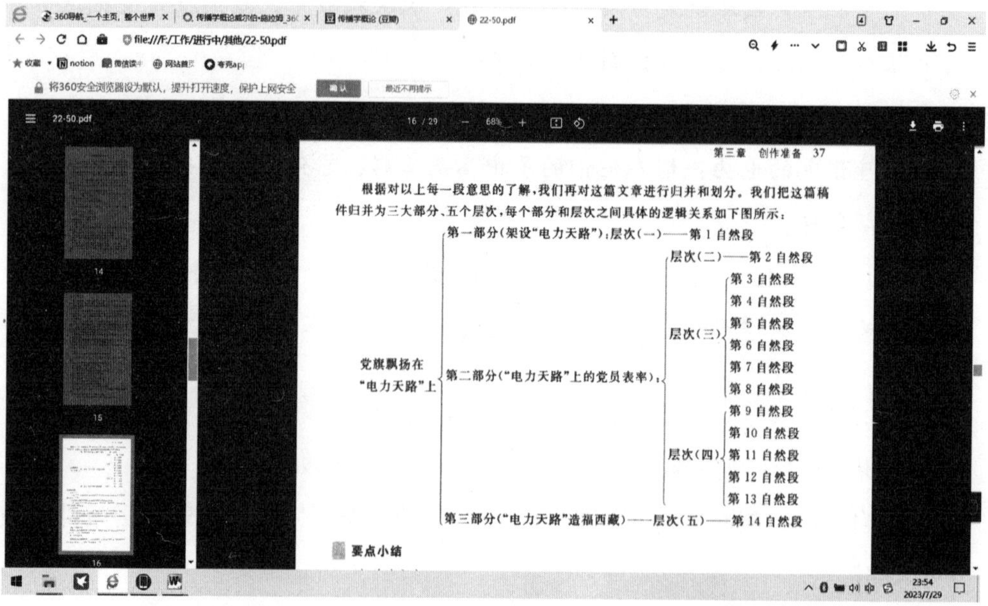

图 2–3–1　文稿层次划分

以第 4 自然段为例：

“虽然有医疗和后勤的保障，工资也很诱人，但是最严重时，每个标段流失的外协工就达 1000 多人。而曹广贵却选择留了下来。”这一句可以划分为：

“虽然有医疗和后勤的保障 |（并列）工资也很诱人 |（转折）但是最严重时，每个标段流失的外协工就达 1000 多人 |（转折）而曹广贵却选择留了下来。”

经过划分之后，语句的逻辑关系便一目了然了，便于表达时落实。这样的语句还有很多，大家在备稿时应该认真理解。

（二）主题

这篇系列报道通过对青藏联网工程施工人员在党的带领下，战胜极端恶劣条件架设“电力天路”事迹的介绍，讴歌了共产党员克服艰难困苦，发挥表率和带头作用的模范精神。

（三）背景

上情：共产党员的先锋模范作用是最宝贵的精神财富和制胜法宝。

下情：主流——我们党的绝大多数党员是好的，始终发挥着先锋模范作用。

（四）目的

通过讲述“电力天路”的修建过程，讴歌了像丁燕生这样的共产党员的献身精神，激励人们向这些不畏艰苦、勇于奉献的共产党员学习。

（五）重点

第 1 自然段、第 9 自然段和第 13 自然段。

（六）基调

深情赞颂、坚定昂扬、质朴含蓄。

第三章　播音主持语言创作的内部技巧

本章主要介绍了播音主持语言创作的内部技巧，具体包括情景再现、内在语和对象感。情景再现是播音员、主持人调动感情，激发播讲愿望的重要方法。内在语是帮助播音员、主持人把稿件变成自己想要说的话，使思想感情动起来的内部技巧。对象感是播音员、主持人用来使思想感情处于运动状态的一种手段、一种途径。

第一节　情景再现

一、什么是情景再现

情景再现是播音员、主持人以语言内容为依据展开再造想象的过程，通过创造连续活动的画面，并不断引发相应的态度和感情，将文字中的情境具象化并传达给受众。这种再现过程能够使听众或观众在心理上产生情景的再现，并与创作者产生共鸣和情感交流。

播音员、主持人的联想和想象需要在语言内容的基础上展开，以表达出稿件所需要传达的信息和情感。联想和想象的过程应该是有针对性的，与稿件的内容和要求紧密结合，而不是任意发挥。播音员、主持人需要在稿件的约束范围内，以创造性思维和想象力，进行画面的形成和再现。在情景再现中，所想象出的画面应该是连续的、活动的，并具有内在联系。这意味着播音员、主持人需要想象出一个流畅的场景，将其中的不同元素相互衔接、联系起来，以展现出一个有机的整体。

二、情景再现的展开过程

播音员、主持人在具体的语言创作过程中如何运用情景再现来调动自己的思想感情呢？我们可以按以下四步进行：

（一）理清头绪

这一步主要是从情景再现的角度对语言内容进行梳理。它与备稿当中的划分层次有一致的地方，也有不同之处，这里更注重从画面的角度来理清内容的头绪。

1. 把握结构，明确先后顺序

这里主要是了解分析语言内容中的情景是怎样发展的。比如：画面是怎样开始的，怎样发展变化的，怎样结束的；稿件的内容是以时间为线索还是按事物内在的发展规律展开的；是倒叙还是正叙等。这样，才便于了解各个情景的特点和彼此的联系，有助于把握情感运动的方向。

2. 把握画面的主次详略及特点

一篇文章的部分之间、层次之间、段落之间、小层次之间都会有主次差异。从情景再现的角度说，每一个情景的展现不可能都一样，有的画面展现得可能详细些，让人有深刻的印象；有的则一笔带过，有的地方景突出一些，情节隐含一些，有的地方则正好相反。在把握画面特点时，我们还可以借助摄影的技巧，通过推、拉、摇、移等手法将各个画面连接起来，并安排好哪儿是"特写镜头"，哪儿是"全景""中景""近景"，是"仰拍"还是"俯拍"等。总的来说，重点处或者说能够体现主题、目的的地方就应该鲜明突出。

（二）设身处地

播音中的设身处地是说语言创作主体要把稿件所叙述、描述的一切作为亲眼所见、亲耳所闻，甚至是亲身所历。我们要置身其中，获得现场感，时时刻刻感觉到"我就在"，真切感受到现场的环境、气氛、转换、变化。

播音员、主持人不可能对所表达的人、物、情都是亲眼所见、亲耳所闻、亲身所历，稿子也不一定都由自己来写，这样容易造成创作主体与语言内容之间的距离，如时空距离、情感距离等，会影响主体感情的调动。设身处地就是通过想象，将自己置身于稿件所描述的情景中，缩短我们与稿件所述情景的时空距离和人物的心理距离等，使我们迅速地投入稿件所规定的情景中，获得现场感，感到"我就在"。我们在"现场"，不能无动于衷、冷眼旁观，要让自己置身其中，关注人物的命运，牵挂事件的发展，产生情感的共鸣，最终产生非说不可的播讲愿望。

设身处地也就是要将心比心。有的语言内容由于写作或其他原因，所介绍的人物、事件或表达的情感初看觉得很平常，感情不能一下就被调动起来，或不能很快到位。这时，如果我们把自己放置在特定的环境中，通过想象，丰富和完善稿件中没有的或表示不够充分的情感，设身处地想一想或感受其中的场景、情感，就有可能产生新的感受，获得真情实感。

设身处地强调"我就在"，一方面是为了区别于表演的"我就是"，避免播音创作主体走入角色化扮演的道路，违背真实性的原则，另一方面更有利于有声语言的创作。

（三）触景生情

触景生情是情景再现的核心问题。在触景生情这一步我们需要掌握以下要求：

1. 反应积极，一触即发

当语言内容里的人物、事件、情节、场面、景物、情绪等展现在我们眼前或浮现在我们脑海时，播音员、主持人应准确、迅速地作出反应，产生相应的情感。要避免被动等待，避免以所谓的客观，来压抑自己情感的迸发。一触即发，除了要求情感反应迅速敏捷外，还要求反应到位。不到位的反应，再快也没有意义。

2. 以情为主，情景交融

景与情，常常是交织或融合在一起的，即使是单纯的风光介绍，也不可能没有情的存在，人们常常是借景抒情，寓情于景，有的时候情浓景淡，有的时候景显情浓。以情为主，是因为情是景的神，没有神，景就立不住，就会走了样。没有情，有声语言便失去了内心的依据，便没有了活力，那表现出来的景也就没有了生命力。而情也需要依托于具体的形象、景象之中，所以，情景要交融。总之，当一幅情景画面展现在我们眼前时，我们必须对其中所表露的情景有准确的把握和深刻的体验，达到情景交融，形神兼备。

（四）现身说法

在创作过程中，创作者渴望以有意识的方式来理清头绪，并运用各种创作技巧和表现手法，将情景生动地再现给受众。他们希望通过自己的创作，唤起受众的情感共鸣，引发受众对情景的再现和感受，从而达到与受众情感上的沟通和连接。这种情感积聚和愿望的产生，正是创作主体所承担的责任和动力。创作者希望通过自己的创作，将内心所感所想以形象化的方式传达出来，让受众能够通过作品与作者产生共鸣和情感交流。在这一步里，我们要把已“动于衷”的情景“形于外”，并在“形于外”的过程中，始终保持“动于衷”的状态。不过，在“形之于声，及于受众”的过程中还会涉及其他方面的问题，需要综合考虑，才能获得理想的效果。

以上四步并非界限分明，而是联系紧密，常常你中有我，我中有你。根据实际情况，既可以逐步展开，也可以整体融合，一步到位，既可以在每一步都投入相同的精力，也可以在某一个方面花一些的力气，总之，要让自己的思想感情运动起来。

三、情景再现过程中应注意的问题

情景再现是语言创作主体调动思想感情的重要方法之一，但在具体运用时，需要注意一些问题，才能保证情景再现展开的方向性、丰富性和实用性。

具体来说，播讲目的在情景再现中的作用主要有：决定情景系列画面的主次详略。在那些连续的活动的画面里，有的画面主要些，有的次要些，有的需要详细展现，有的可以一笔带过。如何确定画面的主次详略，关键在于它们与播讲目的的关系。同样的内容，理解不同，目的就会有差异，画面的主次详略就会发生变化，所以说播讲目的决定画面的主次详略。那最具有感染力，最能体现播讲目的的地方就是需要我们突出和详细展开的，反之，则可稍加点染，一带而过。避免见字生情。见字生情是初学情景再现时容易出现的问题，有时是因为某些词有较强的形象感，很容易让人陷入其中；有时是因为创作主体对某些词比较偏好，或者这些词容易引起创作主体的某种想象和联想，或者是一种习惯，最主要的是因为忽视了主题、目的的引导和制约。见字生情的危害是显而易见的，它会干扰情感运动的方向，造成受众理解上的困难，影响播讲目的的实现。前面我们说过，情景再现是播音员、主持人调动感情的一个方法，需要特别强调的是，我们不能只满足感情调动了，还需要想一想，这调动起来的感情是否正确或准确。

不同的人对同一个事物或情景的看法、感受和判断有所不同。因每个人都有自己独特的背景、经验和价值观，这些因素会对他们的观点和情感产生影响。然而，对于播音员和主持人等专业人士来说，由于他们的工作性质和任务要求，他们需要保持客观中立并与所播内容的情感保持一致。尽管他们可能拥有自己的观点和情感，但在工作中，他们需要服从播讲目的的引导和制约，而不随心所欲。

调动各方面的积累，并运用自己的想象力和创造力，对情景加以丰富和补充，是创作过程中非常重要的一步。在创作过程中，播音员和主持人可以运用自己丰富的积累，包括知识、经验、想象力等，来拓展和丰富情景。通过借鉴和结合多样化的元素，例如文化、历史、人物、环境等，在语言内容的基础上展开再造想象的过程。这样可以使创作更具深度和多样性，让读者或观众获得更为丰富的体验。创作者的积累可以来源于多个方面，例如阅读、观察、旅行、学习等。这些积累能够丰富我们的视野和思维，使我们对情景有更多的理解和感知。在创作中，我们可以运用这些积累，将其融入所写的作品中，使情景更加生动、具体和真实。通过丰富和补充情景，我们不仅能够提升创作作品的质量，还能够增强读者或观众的感受和体验。创作主体对所要表达的情景并不一定都是熟悉的、有切身体验的，而文字语言的表述也不可能都具体细致、形象可感，这些往往会影响创作主体的感情运动和创作热情。对此，我们不能被动应对，而要主动出击，积极调动与稿件情景相关的直接经验和间接经验来丰富原有情景，化陌生为熟悉，变概括为具体，使情景更逼真，体验更深刻，这样就容易拉近我们与稿件情景间的距离。

第二节　内在语

一、内在语的概念及其意义

播音创作中的内在语是一种通过声音和表演方式来表达文字背后更深层次含义和情感的艺术手法。在播音创作中，播音员需要通过对文字稿件的深入理解去创造性解读，挖掘其中的内在语。这可以通过声音的调节、语速的变化、语调的转折等方式来实现。通过精准的语音表达，播音员能够更好地传达文字中的深层意义和情感，并使受众能够在聆听的过程中感受到其中蕴藏的美感和情绪。

二、内在语的作用

内在语在播音员、主持人的语言表达中具有重要作用。内在语的作用可以概括为两个方面：揭示语句本质和揭示语言链条。

（一）揭示语句本质

语句本质是指句子在具体的语言环境中深层的内在含义和态度情感。

语句的表层意义只是句子的字面含义，而通过内在语的运用，可以帮助我们揭示语句背后的深层含义和思想。内在语通过表达播音员、主持人内心的情感、态度和理解，使语句更具生动性和感染力。内在语能够增强语句的表达力和实际意义，使其更贴合主题和目的，并与听众产生共鸣。

（二）揭示语言链条

语言链条实际是指语句间的逻辑关系。揭示语言链条就是搞清句与句、段与段、层次与层次是如何衔接成一个有机整体的问题。特别是在文稿中那些文气不太贯通的地方；在段落层次需要做明显转换而又不好衔接的地方；或需要赋予语言以动作感、形象感的地方；或在需要引起受众注意，引发他们思考的地方，都可运用内在语来衔接、过渡、铺垫或转换，以帮助我们找到自然贴切的语气，达到一气呵成、浑然一体的效果。

在人物语言的表达上，播音员、主持人内心如果有内在语的衔接和转换，那么逻辑脉络就会清晰，播起来语言就活泛了，这样才能更好地表现人物的言情神态。

在评论性稿件的播音创作中，要求有严密的逻辑，以理服人，特别是对于那些关系复杂而又省略了关联词的多重复句。

在广播电视直播魅力凸显的今天，新闻播报几乎都是直播，播音员思维和稿件内容瞬间游离都会导致口播差错或语不达意。这时，恰当的内在语就成了逻辑的路标。初学者遇到语句关系复杂的稿件时，可以在句段起承转合的关键处，通过补设隐含性关联词或短语，从内在语的文字提示中利用视觉的提前量，找到衔接转换下一句或下一段的贴切语气，以便清晰、连贯、准确地播好每一篇稿件。

三、内在语的分类

根据内在语的性质和作用的不同，我们把它分为六种基本类型，具体如下：

（一）发语性内在语

万事开头难，播好开头十分重要。发语性内在语能帮助播音员、主持人在一开始就进入良好的创作状态，同时也是决定受众是否继续收听下去的关键。发语性内在语是一种确保句子之间衔接和连贯的方法。它通过在节目、稿件、层次、段落、语句之间加入适当的词语作为开头，将文字的意义在我们内心播放出来，并与原来的开头词语自然地衔接在一起。

（二）寓意性内在语

寓意性内在语是文字中一种深层的、含蓄的意义，它可以通过文字的选择和修辞手法来表达。它可能存在于文字表面之外，需要读者在理解和解读时进行推敲和思考。例如，鲁迅的小说《孔乙己》中的一句话："孔乙己是站着喝酒而穿长衫的唯一的人。"

小说一开始就交代了"到咸亨酒店喝酒的人，大体上有两种：穿短衣站着喝的人是做工的穷苦人；穿长衫坐着喝的人是有钱人或阔绰的读书人。"所以，结合上下文语境，这句话的本质是揭示他的性格特征：穷困潦倒而又死要面子。内在语和文字表面在方向上大体一致，只不过多了一层寓意。寓意性内在语的理解和欣赏是依赖于语言环境的。了解读者的背景和提供适当的上下文线索是确保读者能够抓住其中的弦外之音、言外之意的重要因素。语言环境包括文本的前后文、特定的文化背景、作者的意图和读者的背景知识等因素。这些因素共同构成了一个丰富的信息背景，为读者提供了理解寓意性内在语的线索和依据。

（三）关联性内在语

关联性内在语指的是那些没有直接用明确的词语或短语来表示的语句关系，而是通过隐含的关联词或短语来体现语句之间的逻辑关系和语法意义，以及上下文和语境中的线索来推断。这些线索可以是共同的主题、相关的时间顺序、因果关系或其他逻辑关系。通过观察这些线索，读者或听众可以推测出语句之间的关系，从而更好地理解整个叙述或表达的意义。

关联性内在语可以在语句、段落和层次之间，或之前使用，以确保语言的连贯性和逻辑性。关联性内在语不仅可以通过常见的隐含关联词（如"因为""所以""虽然""但是""如果""而且""结果""那么"等）来实现，还可以通过其他形式的短语来进行表达。不论是隐含关联词还是简洁短语，它们都起到使前后句、上下文之间的衔接更加自然流畅的作用，确保句子或段落之间的逻辑关系明确。关联性内在语在播音中起着重要的作用，它是播音员和主持人传达语气起承转合的重要依据。通过使用关联性内在语，播音员和主持人可以在语言中设置路标，引导听众或观众向播出目的前进，增强表达的逻辑力量。

（四）提示性内在语

提示性内在语与关联性内在语的区别在于形式和内容。关联性内在语通常以关联词或短语的形式出现，用于连接句子并明确其逻辑关系，以确保句子之间的连贯性和一致性。而提示性内在语则更注重使表达充满活力和灵动性，不依赖于特定的关联词或短语。它可以通过提供背景信息、引用前文、预示下文或者使用形象生动的语言来实现。提示性内在语不仅仅是为了填充句子之间的空白，更重要的是为整个表达增添了一种流畅和生动的感觉。它能够使语句的流程更加自然，给读者或听众一种更有趣、更富有变化的感觉。

1. 设问呼应

例句：最近，有一本书像这几天的天气一样突然热了起来。（热到什么程度？）在北京图书大厦，最多一天卖到了 500 本，营业员套用书名，开玩笑地说：非正常。（到底是什么书呢？）这本热火朝天的书就是《我的非正常生活》，由于是一本近似于自传性质的书籍，所以它的作者洪晃也在一夜之间热了起来。

两句子段落层次之间用设问短语过渡，因为这一提示性内在语正是受众听到此处时所产生的自然心理反应。这有利于和受众心理相呼应，有助于调动受众对传播过程的参与性，构成潜在的双向交流。

2. 提高关注

例句：根据对全国残疾人抽样调查的结果推算，我国各类残疾人的总数有 5164 万人。这是一个值得全社会关注的数字。

由前一句概括出来的比例作提示，引发播下一句时的关注色彩。有的需要加短语“要注意的是”“不容忽视的是”来引发相应的语气。

3. 表现情态

例句：正在当班的扳道员谭定德听说变压器旁有个小孩被电击倒了，心里一怔：（不好！）儿子正在那儿玩，莫不是他？

提示播音员用语气表现出人物当时的心理活动。

4. 展示过程

例句：我接过来一看，（嘿！可不是嘛！）针脚整齐，横是横，竖是竖，补得就是不错！

提示性内在语用来展示判断或动作的过程，使语气生动形象，有助于调动受众的想象，增强语言的感染力。

5. 感叹强调

例句：昨天，圣安东尼奥马刺队主场以 88 ∶ 77 击败新泽西网队，总分 4 ∶ 2，赢得球队历史上第二个 NBA 总冠军。（了不起！）此提示是为了更好地把握语气的分量。

（五）回味性内在语

1. 寓意式回味

例句：春天像刚落地的娃娃，从头到脚都是新的，它生长着。春天像小姑娘，花枝招展的，笑着，走着。春天像健壮的青年，有铁一般的胳膊和腰脚，领着我们上前去。（令人奋进的春天！）（朱自清的散文《春》的结尾，是全篇思想和立意的升华。）

这种形式的内在语体现语句深层含义，造成一种耐人寻味的氛围。它和前面我们提到的用于语句段落中的寓意性内在语有所不同，寓意式回味性内在语处于段落层次或全篇的结尾，不仅体现这一句的内在含义，还统括上文和总结全篇，同时造成某种氛围，让受众有所思，有所回味。

2. 反问式回味

例句：小朋友，要想掌握和运用我们祖国优美丰富的语言就要学好语文，学懂学通，一点儿也不能含糊。（你们说对吗，小朋友？）

非对立型反问式呼语在稿件结尾的使用可以起到肯定、强调和引申指向的作用。这种呼语常常用来强调前句语意或总结全篇，并给予读者一个深思的提示。通过在结尾添加反问式呼语，可以在回顾前句语意或全篇内容的同时，进一步强调其重要性或引发读者的思考。

3. 意境回味

例句：冬天来了，春天还会远吗？

营造某种意境和氛围，引人有所思有所感，有所憧憬，有所遐想。

4. 线索式回味

线索式回味类似于文章的线索，在不同的部分重复出现相同的句子。如安徒生的《卖火柴的小女孩》中出现了 4 次小女孩擦亮火柴，每一次擦亮火柴，她仿佛看到了温暖的火炉，美丽的烤鹅，幸福的圣诞树，天堂祖母的微笑。每一根火柴带来的温暖幸福的幻想，和寒冷黑夜里她又冻又饿的现实形成强烈鲜明的对比，深刻揭示了主题思想。通过与上下文相呼应、与主题相契合、加强情感共鸣，线索式回味性句子可以调动受众的想象力、加深印象并深化主题，使作品更具吸引力和影响力。

（六）反语性内在语

利用语音或语义的关系来使语句具有反语内在语。反语内在语是一种有趣而富有表现力的修辞手法，通过语音或语义的关系，使语句具有多种含义，并能够在听众或读者之间创造出幽默、思考或戏剧性的效果。

1. 对立型反语内在语

对立型反语内在语一般出现在评论杂文里驳斥性、否定性、讽刺性的语句段落里。例如鲁迅《"友邦惊诧"论》中的一段："读书呀，读书呀，不错，学生是应该读书的，但一面也要大人老爷们不至于葬送土地，这才能够安心读书。报上不是说过，东北大学逃散，冯庸大学逃散，日本兵看见学生模样的就枪毙吗？放下书包来请愿，真是可怜之至。不道国民党政府却在 12 月 18 日通电各地军政当局文里，又加上他们"捣毁机关，阻断交通，殴伤中委，拦劫汽车，攒击路人及公务人员，私逮刑讯，社会秩序悉被破坏"的罪名，而且指出结果说是"友邦人士，莫名惊诧，长此以往，国将不国"！（简直是岂有此理！）"

鲁迅用这种表面意义和深层含义截然对立的形式鲜明地表达了自己否定的态度和蔑视嘲讽的感情色彩。我们表达时就要抓住这种对立型反语性内在语，用反义和否定的语气把这种对立体现出来。

2. 反问型反语内在语

中国人死都不怕，还怕困难吗？（显然，也不怕！）

通过反问来表达确定意思的内在语叫反问型反语内在语。落实在表达上语气要鲜明强烈。

3. 双关型反语内在语

利用语音或语义的关系，使语句同时兼顾两种私物的内在语叫双关型反语内在语。例如，鲁迅的《病后杂谈》中有一段："'雅'要地位，也要钱。古今并不两样，但古代的买雅，自然比现在的便宜；办法也并不两样，书要摆在书架上。或者抛几本在地板上，酒杯要摆在桌子上，但算盘却要放在抽屉里，或者最好放在肚子里。"

这是一种利用词语多义性"算盘"的本义和转义巧妙地构成双关，"算盘"实际上是指"心机"，讽刺意味很浓。表达时要抓住表层意义和深层含义对比鲜明的趋向，用较含蓄、饶有意味的语气把暗指的意思体现出来。

4. 非对立型反语内在语

非对立型反语内在语是指在表达中，语句的表层意思与其本质意义是一致和同向的，但在语气和表达方式上却带有与语义有区别甚至相对立的色彩。这种内在语的使用可以给语句增添一种独特的表达效果。

播讲目的是在整体构思和撰写过程中确定的。播讲目的通过语句的主次关系和语气来体现；具体态度是指不同语句的内在语，它表达了作者对所描绘、叙述或论述的事物的态度和观点；承前启后是指语言层次转换的内在语，它体现了语句之间的衔接和联系。这种内在语可能通过使用关联词语，也可能通过其他方式实现。

四、内在语的最优化

（一）内在语是对稿件理解和感受的集中概括

在一篇稿件中，每个语句都是作为整体的一个个体局部存在的。这意味着在选择和确定内在语时，我们要以整体为导向，而不是仅仅关注单个句子。我们要确保每个语句都与宣传目的、主题思想和整体基调相呼应和相衔接，形成一个有机的整体。

（二）在稿件的重点和难点上把握内在语

在表达内在语时，没有必要对每一句话都进行深入挖掘。然而，对于重点语句，我们应该深入挖掘其本质含义。重点语句是宣传目的和主题思想的关键所在，是全文的关键和核心。通过深入挖掘和理解重点语句，能够更好地传达宣传的目的和主题思想。难点则是指那些本质含义不易把握，表达不够贯通，且难以顺利衔接的部分。这些语句可能会让听众感到困惑，且给人一种模糊或迷离的感觉。

（三）要注意语句本质的差异

有两种情况：一是需要在搞清语句的表层意义基础上，进一步挖掘其深层含义。这涉及对语句目的和上下文语境的理解。通过认真考虑语句的目的和语境，可以更全面地理解其所传达的深层含义，并准确判断和把握其中所蕴含的具体态度。有时，即使语句的表层意义与深层意义是一致的，也会有微妙的程度、分量和分寸的差别。二是有些句子的表层意义与其深层含义可能是异向的。在这种情况下，需要确保内在语与语句深层意义的意向一致统一，而不受表面意义的迷惑。这意味着不能仅凭文字的表面意义来理解寓意性内在语，而是要深入思考其中的隐含信息和作者意图，以把握其所传达的真正含义。

（四）内在语要简明有说服力

内在语的目的并非仅仅为了表述而表述，而是为了使自己的思想和情感运动起来，训练自己把握和表达内在语的能力。在把握内在语时，应该避免模糊和含糊不清的表述。相反，应该力求用确实可感、鲜明简洁且具有说服力的方式来概括和表达，从而帮助我们更好地传达我们的想法和情感，使传递的信息更加清晰和具体。

在话筒前播音时，并不需要逐字逐句地重述内在语。相反，可以用自己的方式来传达内在语所携带的思想和情感，唤起受众相应的体验。

第三节　对象感

一、对象感的含义

广播电视的语言传播是一种由已达人的创作活动。播音员、主持人在镜头前、话筒前不是自言自语对空发言，更不是一厢情愿自我欣赏。镜头前、话筒前没有受众、看不见受众，并不意味着无视或轻视受众的存在和受众的反应。语言传播者要有对象感。斯坦尼斯拉夫斯基的观点是，语言的存在依赖于对象的认知和描述。他认为，没有对象作为语言的参照，就无法建立起实际的沟通和理解。

对象感是指演员在演出过程中以“对象”为中心，将注意力集中在与其他角色或场景中“对象”的关系上，并通过敏锐的观察和感知对象的需求、情感和动机来创造真实而有力的表演。对象感的核心思想是演员应该超越自我，真实地感受和反应他们的舞台伙伴、情景和环境。

这里我们为什么倾向于用“对象感”而不用“对象交流”呢？因为交流有来有往，双方互相传递信息，在传者发出信息之后受方的反应如何，传者可以随时接收到，因此，传和受之间的交流十分具体、直接。播音主持在大多数情况下没有现场听众或观众。播音员、主持人即使和现场观众或听众能构成直接交流，但是和电视机、收音机前大多数不见面的受众交流仍然特殊，这种特殊性决定了受众想什么、说什么、有什么反应不可当即得知，收不到受众直接反应的回馈，播音员、主持人设想和感觉到的听众、观众方面的情况，只是主观表象和意象。说到底，这种设想和感觉仍然是属于播音员、主持人自己思想感情单向流动中的一个组成因素。从这个意义上来说，对象感不是播音员、主持人和受众之间的语言交流，而是思想感情的单向流动，亦属于某种联想、想象中的东西。

二、对象感强的播音特征

播音员和主持人的目标是通过语言和表达与观众建立联系，并传达信息和情感。具有强烈的对象感意味着他们能够准确、生动地描述对象，使听众和观众能够真实地感受到他们所说的内容，换言之，对象感的作用使播音体现出以下特征：

（一）体现人文关怀

在话筒前、镜头前的环境中，通常没有真实的观众在现场，播音员和主持人没有办法当下了解受众的想法、言语和反应。然而，在这种面前无人的情况下，播音员和主持人仍然需要努力做到时刻意识到受众的存在，并设身处地地思考和感受受众的需求。为了达到这一点，播音员和主持人需要深入了解受众的心理要求、愿望和兴趣点，以最大限度地符合受众的期待和关注点。他们要以真诚、尊重和关爱的态度对待受众，将这种人文关怀融入传播过程中。它一方面使对象感从笼统变得具体，依据受众的兴趣与关注的问题进行有针对性的表达，使播音能适应受众的需要，另一方面播音员、主持人真诚而强烈的表达愿望自然地与受众的心理期待融为一体，传受之间的沟通取代了冷漠，在情感上引起共鸣，起到一定的激励鼓舞作用。与其说是对象感技巧驾驭了受众的注意力，不如说是对象感所体现出的人文关怀征服了受众。

（二）表达丰富亲切

通过富有对象感的播音音色和语气，播音者能够更好地与受众建立连接，建立亲切的关系，并满足受众的期待。这种亲切和多样性的语气使得受众更乐于接受播音内容，增强了沟通效果。

我国第一位电视播音员沈力就很注重对象感的运用。她总是把观众放在心上，即使对“观众朋友，你们好！”这样简短的一声招呼，在她看来也并不简单。她说观众能从你眼神中分辨你是否真的在向他打招呼，她平常和许多观众朋友见面交流，这种交流体验一带到摄像机前，就会自然浮现这些朋友亲切活泼的样子，虽然她只在封闭的演播室里，但视线所及处好像看到了观众期待的目光，顿时激发了自己讲话的愿望。有一次她向观众介绍做凉菜，节目快结束时沈力似乎“看”到了观众还在津津有味地盯着荧屏呢，她自然地吐出这么一段结束语：四种凉菜做好了，按说应该先请您尝尝，可惜隔着荧屏您没法尝，那就请您自己动手自己品尝吧。祝您做得成功，吃得高兴。这就是对象感内部技巧的恰当运用，难怪，许多观众评价说她的主持总给人一种亲切感！

三、如何把握对象感

受众在传播中所处地位一般来说是被动的，他们几乎不能干涉传播什么，不传播什么。但受众在传播中又是主动的，节目不好他们就转台或关掉机器，不听不看。所以，受众收听、收看是主动与被动的辩证统一。如果只是强调传播者的主观愿望而置受众的要求于不顾，那么一旦受众由被动升为主动，其传播效果则等于零。所以要熟悉传播对象，要重视对受众的基本构成进行定性分析，努力获得对象感。那么，怎样才能使对象感不失之笼统？如何获得并把握住对象感呢？

我们必须具体设想：这样的稿件、这样的内容、这样的形式、这样的宣传目的，在今天应该播给什么样的人听？哪些人最需要听？听到不同的地方会有什么不同反应？听完了又会有什么反应？给什么样的人听最能增强我们的播讲愿望，最有利于达到播讲目的？

（一）对象感的“质”与“量”

为了获得对象感，我们可以从质和量两方面去具体设想。所谓质的方面，是指环境、气氛、心理、素养等有关对象的个性要求。所谓量的方面，是指性别、年龄、职业、人数等有关对象的一般情况，而质的方面又是最根本的。对受众心理因素和素养方面进行分析和估量十分必要。只有了解了受众对所传播的内容的反应，了解了他们的情绪、愿望、要求以及情趣之后，播音主持才更有针对性，传播才更有的放矢。

（二）依据节目内容所反映的主题和目的设想对象，获得对象感想

房改是改革中难度最大的问题之一，贷款购房利息高的这一主题关系到国计民生的政策，直接关系到老百姓的切身利益，牵动着许多相关产业，将对象想象为广大人民百姓，联想老百姓的承受心理，仿佛可以感觉到他们在电视机前一双双热切期待的眼睛，油然而生体恤关切之情。一旦掌握了观众的心理需求，找准了与观众利益密切的相关点，有了充足的依据，对象感就会强烈起来，到了非说不可的地步。但是光有这些还不能达到目的，我们的目的是从关心老百姓困难的角度来透视矛盾并解决矛盾，让观众对房改这个牵一发而动全身的改革难点有清楚的认识，加深对房改政策意义的理解。这样，获得对象感的途径才更全面，更有利于调动正确的思想感情。

（三）我们所设想的对象应该稳定统一

就某篇稿件来说，我们设想的具体对象应该是稳定的、统一的。不应该这一

段设想对这些人播，那一段设想又对另一些人播。一般而言，设想的对象稳定会使播讲更集中、更鲜明。

当然，受众收听、收看是不受限制的，我们所说的具体对象的稳定，毫不排斥我们设想的具体对象以外的人收听、收看。正如许多成年人也喜欢收听、收看对少年儿童播出的节目一样。播讲者对受众进行设想时，绝不排斥设想的具体受众以外的人收听、收看。这说明，具体对象的设想，是有重要的、积极的作用的，不但不会局限受众的范围或抑制受众的兴趣，反而会以播音的具体、鲜明开拓着更多受众的审美情趣的“视野”，感动着更多美感享受的受众的心灵。

当然，也可能播讲者所设想的具体对象不在实际听众或观众之中，这没关系，因为设想受众就是要解决主体，播音员、主持人的对象感，以引发播讲时的强烈愿望为目的。

（四）播音员、主持人与所设想的对象之间关系是平等的

对象感不是单单的设想对象，而是同时要解决好播音员、主持人与对象的关系问题。

播音员、主持人与所设想的对象之间的关系应该是平等的。播音员、主持人装腔作势、正襟危坐或哗众取宠都不符合作为党的新闻工作者的根本属性。为了表现出亲切，用过分亲昵、嗲气的播音去讨好受众的做法也是不可取的。即使对孩子播讲也要以平等的和朋友的身份交谈，而不应该用哄孩子的口吻。有了这种正确的关系，才能形成感情的交流，而居高临下、端着架子命令的语气是费力不讨好的。

四、注意几个误区

1. 误区之一

播音员、主持人执着地去追求设想对象的客观实体。有的人认为播稿时要处处能看到受众的形象，连鼻子、眼睛都能看到；也有的同志反对这种说法，认为若总是看不到受众的形象我就别播了。

对象感是被我们用来作为使思想感情处于运动状态的一种手段和途径，它属

于某种联想、想象中的东西，不能以此为实有物。如果我们不遵循播音语言创作的这种特点，就会陷入“谁在听，我就播给谁”的误区。由此产生的对象感必定是消极的、被动的，甚至是虚无缥缈的。

所以，我们在备稿时可以尽量细致地为受众着想并进行设计，到了话筒前只要能感觉到想象中的受众存在，话是讲给他们听的就行，受众不一定非得以清晰的模样呈现在脑海里。

2. 误区之二

无论什么稿件都设想一种具体对象。

有人以为将受众设想为自己的亲人，就会使播音变得更亲切些。实际上，不同的节目针对的受众群体不一样，如果都这样把对象设想为自己的亲人，表面上似乎属于熟悉的范围，其实除了给自己一种笼统的亲切感之外，还会导致脱离稿件要求，偏离播讲目的，造成“为亲切而亲切”之嫌。

第四章　播音主持语言创作的外部技巧

本章内容为播音主持语言创作的外部技巧，包括停连、重音、语气、节奏这四个方面。外部技巧对播音主持具有十分重要的作用，熟练掌握、运用语言是每个播音主持工作者必备的技能。

第一节　停连

一、停连的定义

停连指的是有声语言在流动中的停顿与连续。停连的定义是:“停”是指停顿，也就是有声语言在表达过程中，为了表达情感而需要进行声音的休止和中断。“连”是指连接，即那些无须中断、休止的地方，尤其是有些地方即使有标点符号也无须休止、中断。

二、为什么要有停连

在我们的日常交谈中，声音有时会暂时中断或者是续连。从生理学的角度看，一个人不可能连续地把一大段话说出来，也不需要每一个词、每一个字都停顿一下，换口气再接着说；从心理学的观点来看，我们说话是有语言意义的，要想让谈话所表达的意思更清晰，我们就必须对谈话中所用到的词语以及词组进行正确的组合。这就要求在词和词之间停顿一下，或者将一些词连成一句。

例如：小红对小强不好。

如果我们的意思是想表达小红对待小强不好，那么要想使人明白我们的意思，在说这句话时，我们就需要在“小红”一词之后稍停一下，然后再把“对”“小强”“不好”几个词连起来说。否则，如果每个字一停或每字都一样地相连，听起来，就显得意思模糊。甚至，如果把原来的组合改变一下，把“小红”“对”连在一起说，其结果就会使人听成是“小红做得对，而小强表现不好”。

这表明，在说话时声音的停连既是人类生理上的需求，也是人类表达情感的需求。播音有声语言是以生活语言为基础的，而且要比生活语言更加注重表达的准确和清晰。所以，播音员和主持人都要学会使用停连来组织句子，对语句的意思加以区分。这是播音员、主持人运用语言表情达意的一种语言技巧，更是一项用于播音再创造活动的语言基本功。

例如上述那条例句，我们就可以这样停连：“二十二点三十分播送长诗|《祖国，我爱你》的下半部分”。

如果句子成分内部结构较为复杂，就都要根据具体情况作灵活而恰当的处理。总之，切不可随便搭配句子中的词语，破坏词语之间的正常关系。

（三）恰当体会情景神态

对于一些句子，我们理解它的正确意思，也清楚它的句子结构，但如果在确定停连位置时按照一般的词语关系，就只能达到让语意清晰，不出现错误的效果，而不能充分表达出句子中所包含的神态、生动的情景。

例如：张太太似乎不认识他，斜睨着他，小心翼翼地问道：“你是王福吧？”

张太太的问题，很容易就能猜到，她是在问这个人是不是王福。从问句的句式分析，主谓宾都很好区分。仅从这两点出发，就不会出现整句的连错，在每一句话中都要停顿一下。但是，这样的停连，却还是没能反映出老人问问题时的情绪。如果我们仔细地体会老人提问时的情景和神态，并根据这些情况选择适当的停连，就会发现“你是”两个字后面应该有一个停顿，这样，老人在提问时，一边思考，一边判断的思维过程和表情就能很好地展现出来，而其他的词可以相互连接。这样做，既能将意思表达清楚，又能使人物神采更加生动形象。当然，在“你”之后停顿一下，其他词都连接也是没问题的。不过一定要对情感表达有益。

例如：她见兄长如此受苦，哭叫：“他是好人，又没做坏事。你……你干吗要这样打人呀？你……你怎么不讲道理？”

这里几次语言上的断续是稿件中的人物由于哭泣以致不能流畅地讲话，体现了稿件中人物的内心世界。在表达语言中的断续时，需要在感受说话人当时的心境的同时运用停连，并随着上下文的脉络自然进行。

从上述两个例子可以得出：以表达情境和神态为目的而设定停连时，首先应以不影响语意清楚为前提，其次应以传“神”贴切为准则。否则意思不清楚的话，不可能传“神”恰当，但是意思明确的话，也不能代表传“神”。

（四）合理处置标点符号

播音的稿子上，一般会有很多的标点符号，作者使用这些标点符号的目的是让别人看得更清楚。在备稿的时候，播音员、主持人都需要利用标点符号来帮助自己快速地弄明白稿件的意思，即使在播音的时候，标点符号依然是播音员、主持人选择停连位置、把握停连时间的一个重要线索和参考。但播音作为一种有声语言的创作活动，不能完全受限于稿件中的标点符号。不能死板地根据稿件中的标点符号来进行有声语言的停连，不然的话，稿件的内容就会被播读得杂乱无章、呆板，丧失了有声语言的生命力。

播音时，在自己理解稿件内容的基础上，对标点符号作合理的处理。这就是说，即使有的地方有标点符号，也要根据自己的需要作词语连接，有的地方可能没有标点符号，但根据需要也可以出现停顿，一切按需停连。

例如：秦京输油管道，是大庆至秦皇岛输油管道的延伸工程。它经过河北省、天津市、北京市所属的 13 个县市，穿越河流、铁路和公路 100 多处，全长 350 千米。

上述内容中有三个顿号，但是在播读的时候需要连起来读，不能因为有顿号就停顿，不然内容会变得杂乱无章。

有些人理所当然地认为播音就是照本宣科，“书面上有标点就停一下，书面上无标点就连起来读”，但是以这种方法播读“秦京输油管道”那段话，会让听众产生至少两处误解：一是把一省两市所包含的一共 13 个县市误听为除河北省和天津市以外，还有北京市所属的 13 县市；二是把穿越河流、铁路和公路一共 100 多处，误听为除了穿越河流之外，单是穿越铁路和公路就有 100 多处。这样的话，不但会让人听起来不舒服，而且会让人觉得不真实。所以，不能简单地根据标点符号来判断停连。要根据自己的认识，合理地处理标点符号。举个例子，上面这一段的播读过程应当是：秦京输油管道是大庆至秦皇岛输油管道的延伸工程，它经过河北省、天津市、北京市所属的 13 个县市，穿越河流、铁路和公路 100 多处全长 350 千米。

总而言之，在播读稿件时，往往需要突破文章中标点符号的束缚，来决定停连的位置。稿件中的标点符号只是作为一个参考依据来帮助我们解读稿件内容，而在进行有声语言的创作时，则要建立在对稿件是否准确认识的基础上，才能决定“何停何连”。

五、把握停连的方式

有声语言到停顿处该怎么停呢？停顿之后，有声语言如何再继续下去呢？如何停，如何连，这是无数播音员、主持人穷其一生所思考的问题，也是对一个播音员、主持人语言功力的衡量标准。停连的方式因内容而变，因态度而变，因情感而变，其可谓是千变万化，这里我们只能介绍一些常见的处理方式。

在停连的位置确定之后，我们还不能忽视停连的处理方式。因为任何一个情节，当我们确定去干之后，还必须考虑和讲究干的方法。只有找到停连的准确位置，才能找到处理停连的方式，但是只找到了停连的准确位置而不注重处理停连的方式，那么依然不能使表达结果更贴切。

例如：我抬起头来，透过天边的风雨，透过无边的黑暗，我仿佛看见了一条光明大路，这条路一直通向遥远的陕北。

这段话中的停连位置我们都确定了。但是，是不是在播读的时候所有该停的地方都一样的停呢？显然不行。那么，停顿时间的长和短、停前声音的扬和落、气息状态的弱和强等，这些问题就是停顿方式的问题。连接方式，则是指连接时语流的急和缓、曲和直等形式。

下面我们就简单介绍几种常见的停连方式：

（一）落停

通常在完整表达了一个意思之后使用落停这种方式（带回味性的意思有例外）。落停有三个特点：首先，有比较长的停顿时间。其次，就是“气也尽”，指的是当停止发声的时候，能感觉到自己的气已经耗尽了，完全没有剩余，这里并不是指生理上呼吸的停止。最后，随着最后一个字的出现，声音顺势而落，停住。比如“秦京输油管道”这条消息的结尾处就可以使用落停的方式。

（二）扬停

通常在句子中没有标点符号的地方使用扬停，又或者是在一个意思没有表达完而需要停顿时使用。扬停具有以下特点：首先，它只是一个短暂的停顿（有时只是一挫而过）。其次，停顿时声音先停，气息没有耗尽（有时只是停顿了一下不用换气）。最后，在停顿之前，音调稍微提高一点或者水平拉开一点。

例如：中央人民广播电台！现在播送 / 中央气象台 / 今天上午十点发布的天气预报。这段话中可以有几处停顿，其中如“气象台”之后的小顿挫就可以采用扬停的方式。

（三）直连

文章中有些地方明明有标点符号但内容又密不可分，这时就需要用到直连。直连具有“顺势连带，不露接点”的特点。

例如：听了他的话，我快走几步，紧紧地跟着他，但是不一会儿，我又落下了一大段。这段话中“快走几步”与“紧紧地跟着”之间要连一下，连的时候就可以采用直连的方式。

（四）曲连

文章中有些地方标点符号两侧既需要连接但又有区别，出现这种情况通常需要使用曲连。尤其是像排比句式那样的连接点，或是出现一连串的顿号。曲连具有连环相接，连而不断，悠荡向前的特点。

例如：北京、天津、上海、武汉、长沙等地也都下了雨。这句话中的顿号之处都需要连接一下，因为都停则会显得语意零碎，但如果直连又会使 5 个地名没有区分。采用曲连的方式正可以恰当表达。

采用曲连方式的时候，可以把接点前的那个字音拖长一点，悠向接点后的那个字。当然任何方法的掌握都需要在实践中反复体会摸索才能使用自如。以上我们仅简要地介绍了四种停连方式。这里有两点需要说明：

第一，停连方式是多种多样的，不仅有这几种。

第二，上述四种方式并不能生搬硬套地使用在任何具体语句上。

停连方式的选用，不管是以上四种还是其他任何一种，都需要依照具体的语言环境下的具体语句形式而定，而运用时必须遵从的总原则，就是张颂教授在《朗读学》一书中所指出的：要“按文意，合文气，顺文势”。

以上只是对停连所作的一些相对粗浅的介绍，张颂先生的《播音创作基础》

中将停连分为：区分性停连、呼应性停连、并列性停连、分合性停连、强调性停连、判断性停连、转换性停连、生理性停连、回味性停连、灵活性停连，共10类。

第二节 重音

一、重音的定义

一份稿件是由多个句子组合而成，这些句子表达各自独立的意思，其中包含着一定的思想和情感。一句话中的词或词组并非完全并列，也不是同等重要的，它们之间，有些较重要，有些是次要的。在播读时对于那些主要的、重要的词或词组，要重点强调，使特定的语言目标和特定的思想感情能够清楚地表达出来。这些被重点强调的词或词组被称为重音。

二、重音的重要性

每个人都是带着明显的或隐含的动机来表达他的想法和感受的。一个句子是由许多词语组成的，其中总有一个最能表达其谈话意图的词语，我们在说话时应加以强调这个词语。

重音选择的不同，表达的语意就不同。我们在日常生活中会遇到“一语双关”“话里有话”的现象，这些现象在很大程度上是由重音表现出来的。而有时我们所要表达的内容被对方理解成另外一个意思，这通常也是由于在语言中对重音的错误选择导致的。所以，当播音员、主持人在播读时，必须要认识到重音的重要性，对重音进行精确的选择，并将其表达出来，只有这样，我们所要传递的信息才能被受众正确地接收。

三、如何选择重音

基于对语意的正确认识，并以重音的重要功能为依据，给出了三个可供大家选择和判断重音的标准：突出语句目的的中心词、体现逻辑关系的对应词、点染感情色彩的关键词。

下面就从这三个方面谈谈语句重音的选择办法：

（一）突出语句目的的中心词

中心词是指那些在语句中占主导地位和最能揭示语句本质意义的词或词组。它们是准确、鲜明地传达语句目的的核心。

1. 陈述务实的主要词语

有些语句的目的主要是传达清楚事实。那么，在这类语句中，那些交代人物、时间、地点和事件概括的主要词语就是突出语句目的的中心词。

例如：北京市海淀区一位叫王海平的农民，最近从四季青乡来到北京市专利局，要求申请白杨树扦插技术的专利权。

这句话中我们只要强调了王海平的“农民”“白杨树扦插技术”“专利权”这三个词语，这句话所要讲的基本事实就清楚了。

例如：2021 年 7 月 20 日，河南省郑州市发生了特大洪涝险情。

这句话中，“2021 年 7 月 20 日”“河南省郑州市”这些交代时间、地点的状语也是叙述事实所不可缺少的主要词语。因为，如果只强调“特大洪涝险情”，事实还是不能传达清楚。

以上两例说明，交代时间、地点、人物、事件概况的词语，常常是陈述事实的主要词语。但在这类以说清事实为主要目的的语句中，这些词语又不见得都有必要强调，而是要看它们与说清事实有无影响。例一中的时间、地点与事实清楚没有什么影响，我们就没有必要强调；例二中没有人物，动词谓语“发生了”也与说清事实没有什么影响，我们也就无需强调它。

2. 说明、修饰、限制作用的主要词语

起说明、修饰、限制作用的主要词语。有些语句的目的除了叙述事实本身之外，更重要的是为了强调事件的性质、特点等。在这类语句中，那些与语句目的最直接相关的说明、修饰、限制性的词语，也是突出语句目的的中心词。

例如：云南边防总队一支队官兵严防贩毒者越境，在一年中破获 10 起跨境毒品走私案件。

这句话中，除了要叙述“官兵”“破获”“跨境毒品走私案件”这一事实外，目的在于赞颂这一年缉毒行动的丰富成果，因此，“一年中”“10起”也应该是突出语句目的的中心词。

再例如前文提到的“河南省郑州市发生了特大洪涝险情”那一例句，其中“特大”只是“洪涝险情”的限制词，但它却与语句目的有最直接的、重要的关系，因为它道出了事件的严重性和紧迫性。

当然，说明、修饰、限制性的词语并不一定都需要强调，我们强调的是那些与突出语句目的最直接相关的主要词语。

3. 表示判断的主要词语

有些语句的目的主要是表明肯定或否定的态度。那么这类语句中的判断或起判断作用的词语，也可以成为突出语句目的的中心词。

例如：没错，我是广播学院的学生。

这里“是”一词就是表示判断的主要词语。它解除了谈话对象关于“我”身份的怀疑，肯定了“我”的身份。强调“是”一词，正是突出了语句目的。

4. 反语中的主要词语

有些语句的真正目的恰与文字表面的意思相反，播这类语句往往要在某些关键的词语上体现出反意来，才能使语句的真正目的得以突出。

例如：他们掠夺了当地的财宝，还杀害了当地的土著，真是文明啊！这里的“文明”是“反话正说”。讲话人用辛辣讽刺的口吻讽刺了“掠夺者”的野蛮。这里，我们的播音员、主持人同样应该注意如何表现这种讽刺，否则，可就成了“掠夺者”的“拥护者”了。抓住“文明”这个中心词，着意强调就会使殖民者所谓“文明”的行为不攻自破，进而突出了整个语句的真正目的。

5. 主要的数量词

有些语句中的数量词与语句目的的显露有直接关系。那么这类词语也可以作为重音。

例如：现在的青年要价太高了，年薪十万元都不去。这句话的目的是体现现今青年对工作回报的要求太高，能够突出这一目的的中心词是“十万”，强调了这个数词就会使语句目的突显出来。

例如：都一个小时了，他才反应过来。这句话的语句是嫌“他”的反应太迟钝了，能够突出这一目的的中心词是“小时”，强调了这个量词就会使语句目的突显出来。

另外，在一些语句中，会通过对比数量找出问题所在，这类句子中的数量词是需要加以强调的中心词。例如：今年工艺品在出口中的比重，从 36.8% 提高到 46.8%。在这句话中，报告工作成绩使用了数量对比的方法。这里需要强调的地方是原百分比与提高后的百分比，尤其是需要重点强调后一个百分比中的“四”。因为相比于原百分比“四”体现了工作成就。

在语句中出现的数量词，往往会是需要强调的重音。在强调数量词语时，我们需要注意一些带有规律性的现象，例如：一般若突出数词则可以言其小、少、短；若突出量词则可以使人觉得大、多、长。

（二）体现逻辑关系的对应词

对应词是指那些具有转折、呼应、对比、并列、递进等作用的词语。它们是语句目的实现过程中的重要逻辑线索。

1. 线索性的重复出现的词语

有些稿件中常使用首尾呼应或反复提示一个线索的手法。在这种重复两次以上的语句中，经常要重复一些词语用以呼应或提示。

例如:《一月的哀思》中反复出现的“车队像一条河，缓缓地流在深冬的风里……”一句，就是线索性的重复词语。这种重音并不能表现内容的发展或语意的更新，只是贯穿线索或渲染气氛，重音位置一般不变。

2. 相区别而不相重复的词语

逻辑关系在复句中的体现往往是明显的或潜在的。除了关联词（如“因为”“所以”“虽然”“但是”“不但”“而且”等）外，那些相区别而不相重复的词语也能够在复句中体现逻辑关系，并突出语句的重点和目的。

反复强调句子中的重复词语会使语意模糊，逻辑混乱，难以凸显逻辑关系。相对而言，强调那些非重复而有区别的词语，如“我们自身”“每一个人”“全国人民”，能够清晰地表达层层递进的逻辑线索，突出语句最根本的目的。

在带有并列、转折、对比、呼应等关系的语句中，对应词往往由那些相区别而不相重复的词语来承担。通过使用这些词语，可以更好地表达出复句中的逻辑关系，使句子更加明确、准确。

（三）点染感情色彩的关键词

比喻、象声以及其他形容词或短语，它们在表达感情、神态、烘托气氛等方面起到了很大的作用。在具体的情境下，这类词能让句子的目标变得更加鲜明，更加生动形象。

1. 比喻性词语

在一些句子中，比喻是一种用于叙述抽象、难懂的事情和道理的修辞方法。这样能让人更容易理解、更生动。这种形象化的词语也会被强调重音。

例如：会场里响起了雷鸣般的掌声。“雷鸣”就是个比喻。这句话中的目的除了让人知道“会场里响起了”“掌声”这一事实之外，更主要的是让人感受到了一种热烈的气氛。我们强调“雷鸣”一词就恰好烘托出这种气氛。

2. 象声词

在一些句子里，为了突显一个人或一件事的状况，表达一种情感，往往使用象声词。在某些句子里，这类象声词也可是重音。

例如：风，呼呼地刮，雨呼呼地下着。黑暗笼罩着大地。

以上我们从三方面谈了语句的选择。我们这三条标准，也只是给大家提供了一些选择确定重音的途径，实践中，可根据不同情况灵活运用。

重音应有主要重音和次要重音之分。一般情况下，在一个语句中主要重音只有一个（并列成分和对比成分除外），次要重音可根据不同情况有一个或数个。

重音的选取存在着一个值得关注的问题，即“无意隐含性对比”现象。“无意隐含性对比”指的是，因为说话者不恰当地强调了某个词或短语，与可能存在的某一个词或短语形成了鲜明的对比，这会导致句子的目标发生偏差，会误导听者的理解，进而导致在理解上出现歧义或反义。

比如某电台一主持人在播一个中老年人体育锻炼健身的话题时，说：要是一群人在一起练就更好了。

他的本意是说大家在一起练可以互相帮助、促进，还能增进感情，本应强调

“一群”，可是由于不适当地强调了“人”，使“人”这个词与潜在的“猫”“狗”等动物形成了一种“隐含性对比”，这就给句子附加了“要和人练不要和动物练”的歧义。由于这个失误不是说话者主观有意为之，因此叫“无意隐含性对比”。这种重音技巧运用不当的情况在播音主持语言表达实践中是比较普遍的。

重音的选取与确定，主要以是否能突显语言目标为主要标准，从逻辑联系与情感表达两方面进行考量，对重音有利的留下，对重音不利的舍去。

四、如何强调重音

运用重音的方法也是多种多样的。下面就简单介绍几种常见的强调重音的方法供大家参考：

（一）强弱法

这是一种用声音的轻重、高低变化来强调重音的方法。

例如：炮火正在战场上遍地开花，战士们正呐喊着冲向敌人的碉堡，可他的生命却像即将燃尽的蜡烛，渐渐熄灭了。在这句话中，“熄灭”是要强调的重音之一。但为了表现烈士即将逝去的生命，在听感上应该体现出播音员为“他”在战斗胜利前一刻英勇就义而感到遗憾和惋惜，从而激发受众对烈士的崇敬之意。因此，在这一特定语言环境中，强调这个重音，可以采取语气加强，而声音轻、低的处理方法。

可见，重音不光可以用强和高的声音来强调，强中见弱，高中显低也不失为有效的方法。

（二）快慢法

这是一种用声音的急缓、长短、顿连等变化来强调重音的方法。

例如：他慢慢地转过身，一个箭步冲了出去。这句话中“慢慢”是重音之一，为了生动形象地描述出“他”转身时的态势，也是为后面强调“冲”的迅速、敏捷进行铺垫。我们在强调这一重音时，可以采用放慢语流的速度，适当延长每一个字的声音或者在每个字之间稍加顿挫的方法。

另外，用短促、加快、紧连的方法也可以使重音突出。例如：五分钟过去了，在张洪喜的指挥下，一辆长龙般的消防车冲进亚麻厂，进入了起火现场。为了突出抢险救灾的紧张气氛、繁忙情况，可采用加快语速、一气呵成的方式去强调重音。

（三）虚实法

这是一种通过声音的虚实变化来强调重音的方法。

例如：我怕惊动他，便悄悄地从后面探出了头。这句话中“悄悄”是重音，为了营造安静的氛围，我们可以适当采用虚声来强调这个重音，以使这种安静的氛围得以充分展现。

以上我们简单介绍了几种强调重音的方法。这些方法仅仅是常用的和一般的方法。事实上强调重音的方法是多样的，我们不可能在此一一列举，同时，在实际播音中强调重音的方法又往往是综合使用在语句之中的，我们讲解时却只能分而论之。

总之，所谓强调重音、突出重音，都是在对比之中实现的。有时是“水涨船高”，有时又需要“水落石出”，任何时候总是有强才显弱，有快才显慢，有虚才显实。通过以上分析，我们可以看出，强调重音的方法虽然多种多样，但其总的要求只有 16 个字，那就是：协调适当，加强对比，讲究变化，切忌呆板。应从三个方面来考虑如何选择方法：要能准确地反映句子的目的，要依照思想感情的运动，要适应改变语言流量的需求。具体来说，就是要站在整篇稿件的高度上，做到主次分明；要能准确体现出语句目的；依据思想感情的运动；要符合语流变化的需要。

既要做到区分主次，又要考虑正常的听和说的习惯，避免生硬，还有就是确定重音时要少而精。以上是在各种强调重音的方法中都应该遵循的基本原则。

第三节　语气

一、语气的概念

语气是语句的声音形式，受到具体思想感情的支配。可以从以下三个方面把握语气的实质：

首先，具体的思想感情是语气的“神”“灵魂”。只有具体思想感情支配下的语句才是有生命的，直通人心灵的。这种思想感情必须是具体的，必须是创作主体在对语句本质、语言链条所蕴含的思维链条的深入理解、细腻感受和独特表达的结果。这里需要强调的是：每一个“这一句”的思想感情要从稿件的通篇或节目的整体中去把握。它不是孤立的，是在与节目整体的联系中，在实现节目的传播目的过程中，体现出“这一句”的色彩和分量的。

其次，具体的声音形式是语气的“形”“躯体”。丰富的思想感情必须要通过一定的声音形式表现出来；反过来，一定的声音形式又会对创作主体的思想感情的运动产生反作用。即使创作主体具备了丰富、细腻、独特的思想感情，但是如果声音形式单一、单调、刻板，缺乏弹性，缺少变化，或者创作主体对声音形式的选择出现偏差，以不合适的声音形式去表达某一种思想感情，都会大大降低有声语言的魅力。而在声音的具体形式中，又包括声音、气息、口腔的状态。这三个方面的因素互相配合，相得益彰。创作主体因情用气，气随情动，以气托声，以情带声，音随意转，声随情出，以声、气传情。这里所说的具体的声音形式也是建立在全篇及整个节目的声音形式的整体之上的，不是孤立的一句话的声音形式，不是各不相干的单位。它是整体与个体相结合的结节点，是承上启下的“这一句”的声音的发展趋势。

最后，语气存在于句子之中，在整个的语言流动中占据着核心的位置。句子是有声语言创作中最基本的语言单位。在我们的表达中，每一个句子都有自己相对独立的意思、相对独立的思想感情，所以也就有“这一句”的具体的语气。“这一句”是区别于“那一句”的，是有差别的，有自己独特的特点。同时，我们也必须注意到，这每一个“这一句”的语气又不是独立静止的，正像上文所提到的那样，正因为有了在全篇以及节目整体关联中的思想感情的色彩和分量，有与之相应的声音、气息和口腔状态，也才凸显出“这一句”的语气的独特性。

二、语气的感情色彩和分置

在有声语言的创作活动中，总的感情色彩体现在节目的基调中，而具体的感情色彩体现在语气之中。语气的感情色彩，是指语句包含的是非和爱憎等。

爱的感情色彩一般是“气徐声柔”的，憎的感情色彩一般是“气促声硬”的；悲的感情色彩一般是“气沉声缓”的，喜的感情色彩一般是“气满声高”的；惧的感情色彩一般是“气提声凝”的，欲的感情色彩一般是“气多声放”的；急的感情色彩一般是“气短声促”的，冷的感情色彩一般是“气少声平”的；怒的感情色彩一般是“气粗声重”的，疑的感情色彩一般是“气细声黏”的。而在有声语言表达的具体实践中，这些因素又是互相交错的，有主有次的。

在有声语言的创作实践中，我们作为创作主体怎样才能准确地把握语气的感情色彩呢？

首先，语气的感情色彩要真实、真切。这要求创作主体根据节目或根据稿件所引发的感情必须是发自内心、出自真心的，是真挚的，而不是虚假的、贴上去的。“感人心者莫先乎情”，而能感人心之情必须是真情。只有真挚的感情才能打动人，而形式化的、商业化的、职业化的情感，甚至滥情、煽情，只能招致广大受众的反感以及嫌厌。要做到这一点，就要求创作主体真正地站在党性的立场上，站在国家的立场上去看待问题；就要求创作主体要真正地深入生活，深入到生产的第一线，深入到普通人当中去，不仅要“身入生活”，而且要“心入生活”，与广大人民群众同甘苦、共患难，齐爱憎，真正想其所想，发其所言，而不是追求浅表的“平民化”，做“平民”的样子。

其次，要有丰富的感情色彩。创作主体要“沉浸”在创作依据的内涵，深入体会事、人、情、理、景，用心去品味，用心去体会，由心而发，由口而出，形之于声。

创作主体要力争做到每一句所要表达的感情都是不同的，但又都是整个节目发展链条中不可或缺的环节。

再次，这种感情色彩要具体而贴切。具体指感情色彩要与语句的本质相一致。贴切是指创作主体的感情色彩要符合节目的整体基调和创作依据。一个节目的基调，就是整个节目的分量和感情色彩，要透过每个句子的具体语气感情色彩来表现。节目的基调和语气感情色彩的关系是整体与局部的关系，局部必须服从整体的要求。有些句子、语气，有从正面烘托节目基调的作用；而有些句子，或者是节目段落，是从侧面烘托，甚至是反衬节目基调。所以，只有服从于节目整体基调的语气才是具体而贴切的。

最后，要有深刻的语气感情色彩。深刻与丰富、贴切是相辅相成的，只有丰富、贴切，才可能深刻，而只有深刻的贴切才是真正的贴切，这种丰富也才有价值。那么在具体句子中，哪些色彩是贴切而深刻的？要看在符合整个节目基调的基础上，能不能更好地为实现“这一次”节目的传播目的服务。能，就是深刻的；不能，就是肤浅的、见字生情的。

语气的分量指的是在把握语气感情色彩的基础上，创作主体还要区分是非、爱憎的“度”，能区分感情色彩不同的程度和不同的量级并能使之付诸有声语言的表达。能够比较熟练地区分感情色彩的分量，是创作主体真挚、贴切、深刻、准确地掌握语气色彩的一个坚实的基础。

创作主体对于语气分量的把握与态度分寸是紧密联系在一起的，在有声语言的表达上就表现为“度”的不同。为了能简明地解释它，我们只是以三度作为标尺：重度、中度、轻度。在有声语言的表达上，重度分量表现为较长的停顿、较突出的重音和较鲜明的色彩，只要求下限，不要求上限（此处所言“上限”和“下限”指的是加重分量的限制），即加重分量而不能削弱分量；中度分量表现为稍长的停顿、稍突出的重音、稍鲜明的色彩，既有上限，也有下限；轻度的分量表现为较短的停顿、较轻的重音、较淡薄的色彩，不要求下限，只要求上限。

创作主体对语气分量的把握取决于其语言功力：创作主体的语言功力越强，他的语气分量的“刻度”也就越精密，比如在“狂喜”与“满意”之间，别人只能分出三个量级，他却可能分出十个量级，那么他对语气分量把握的潜力就比那些只能区分三个量级的人大。因此，创作主体要不断锤炼其语言功力，使其语言感觉的阈限日益精密，那么他对语气分量的把握就会越来越恰当、分寸得当。

三、语气的声音形式

声音可以表现出语气的色彩和分量。语气的感情色彩和分量是不断变化的，因此，必然会造成曲折起伏、千变万化的声音形式。作为语言链的一环，语气的声音形式必然伴随着语流而产生，具有动态性。不能仅从静态和孤立的角度来研究语气的声音形式，而应引入“语势”这一动态的概念，以更好地解释语气的声音形式。

语势是指一句话在运动的思维和情感状态中发出的声音的态势，或者是倾向于有声语言发展。

语势是由气息、声音、口腔状态三方面因素多层次、立体化的多重组合构成的。气息主要指气息位置的深浅不同，气息的运动通畅与否，发音时送气量多少有区别，送气的速度有快慢之分，气息的强度有大小之异等；声音的因素主要包括声音的高低、强弱、大小、快慢、明暗、刚柔、抑扬、顿挫、虚实等；口腔的状态主要指在每一个音位中，都有口腔的松紧、开闭，舌位的高低、前后的变化，另外还有唇舌喷弹的力度、口腔内壁软硬的韧度、上下颌咬字的力度等。构成语势的这三方面因素是互相渗透、融合在一起的，也使语势呈现为立体的运动变化态势。

语势的气息和口腔状态无法表示，只能从略。在这里，我们主要从语势的声音运动态势方面对波浪式的语势进行分类描述，可大致分为 5 类：

波峰类：全句的语势状如水波，中间是波峰。如：现在是（阅读和饮食）节目。

波谷类：全句的形状如水波，中间是波谷。如：鱼在水中游。

上山类：全句状如上山，盘旋而上。如：独有这一件小事，却总是浮现在我眼前，有时反更分明，叫我惭愧，催我自新，并且增长我的勇气和希望。

下山类：全句状如下山，顺势而下。语句的头比较高，语势逐步下行，句尾最低。但绝不是字字下行，词词下行，其行进也是波浪形的。其状如潮水回落，所以也可以称之为“落潮类”语势。如：在这繁华的拥抱中，也懒散而且舒适，从白天以至初夜的疑虑，全给祝福的空气一扫而空了，只觉得天地众圣都享了香烟，都醉醺醺地在空中蹒跚，预备给鲁镇的人们无限的幸福。

半起类：上至山腰，气提声止。语句的句头起点比较低，类似于上山类语势之行进，但是在中途却停止前进，似欲行又止，似引而不发，悬而不坠，但是全句的态势已经很明了。这种情况本为起潮类，但由于只行进到一半，没有真正到达顶端，所以称之为半起。如：先生，您找谁？

以上我们所列的五种语势变化的类型只是最有代表性的类型，它们并不能代表有声语言表达实践中的复杂情况。所举的例子也都是指在一般情况下而言，如果表达的语言环境发生变化了，或者因为创作主体独特的个人感受和审美趣味，而呈现为其他类的语势，这也是很正常的。如果创作主体在有声语言的创作实践中拿着以上类型去生搬硬套，是注定要失败的。这也就是张颂教授所说的“语无定势”。我们对语势进行归纳的目的就是为了揭示语势的波浪形特点，使创作主体能够根据感情的色彩和分量的需要，在语言表达的重点部分巧妙点染。

另外，在我们有声语言的创作实践中，“固定腔调”是很常见的。从语势的角度看，“固定腔调”是单一语势的产物。

语气非常重要，创作主体只有从感情的色彩、分量的把握；从思维运动状态的真正活化；从与之相应的语势感悟的角度去仔细体味，扎扎实实地涵养语言功力，最后才能进入有声语言艺术的宏伟殿堂。

第四节　节奏

一、节奏的概念

节奏是一种有声语言运动形式，在播音中，节奏应该是由全篇稿件生发出来的、播音员思想感情的波动起伏所造成的抑扬顿挫、轻重缓急的声音形式的回环往复。这一定义简明扼要地总结了播音节奏的要领，为了让读者更好地了解，我们将从四个角度进行详细的分析，具体如下：

首先，播音节奏是一种基于人的思想情感活动而产生的声音运动形式。节奏不是由人类随意的创造出来的，而是在内心的基础上形成的。即播音的节奏一定要由稿件引起的思想情感的起伏变化作的运动为动因。

播音员和节目主持人是播音创作的主体，他们在播音时要有感而发、由心而发。真情流露，才能让人的情感泛起涟漪。

其次，抑扬顿挫、有轻重缓急的有声语言语流是播音节奏的外部形式表现。但它并不是一种机械的、僵硬的、空洞的形式，它是一种以内心节奏为基础，有思想感情的运动状态的形式。流动的、变化的，且与思想感情相对应的声音形式，才是播音主体一直寻找的外部形式。在语音形式上的声音快慢、高低、强弱、断连等变化，使语言流中形成轻重缓急、抑扬顿挫。

再次，节奏的核心是具有一定特点的声音形式的回环往复。所谓具有一定特点的声音形式，是指相似的语气、相似的语势和相似的转换形式。这些相似性一般反映在重点语句、重点层次和重点段落之中，它们的反复出现，构成回环往复的节奏特征。一记钟声，一次涛声，形不成节奏；一磴石阶，一根木柱，也形不成节奏。没有声音形式的序列、呼应、再现、反复，只凭一个词、一句话，又怎么能谓之节奏呢？播音中，从稿件的第一句到最后一句，在这个过程中，声音形式的回环往复才构成这篇稿件的节奏。

相似语势、相似语气是说语势的类别与语气的色彩和分量比较相似，当然不是说每句都相似，只是在重点句上有相似之处，那些非重点句可以不相似甚至可以是相反的。相似转换是指语句、层次、段落之间，有某些大体差不多的转换，像扬转抑、抑转扬、快转慢、慢转快等；像明转暗、暗转明、实转虚、虚转实等；像突转、渐转、大转、小转等。这也不是说处处相似，也要根据具体文势，但总会有相似转换的回环往复。转换是语流曲折性的要求，是语气衔接的重要方法。在把握转换时，一定要因势利导、迂回前进，避免语言链条的扭曲和语言流动的畸形。

最后，对播音节奏的基本要求应以全文为基础，以整体为基础。节奏受“全篇稿件生发”影响，受播音意图与稿子题材的指导，受基调的限制。过分注意局部的节奏，会造成整篇文章节奏混乱，不够完整。在一篇稿件中，其基本节奏既有鲜明的个性，又有较强的变化性。整篇稿件的节奏要和基调协调，在次要位置的辅助节奏起到衬托作用，为主节奏服务。

此外，在节奏和语气上，也应注意两者的关联与区别。作为播音创作的两种表达手法，节奏和语气都是以思想感情的运动作为内在基础，它们的外在表现形式相同，都是声音的快慢、高低、强弱、断连方面的变化。其不同之处在于：语气反映了“这一句”所包含的思想情感的色彩与分量；节奏是对“这一段”和“这一篇”的思维和情感活动状况的外部呈现。语气存在于语句中，节奏的存在单位是全篇，节奏是由若干个具有相近语气的回环往复构成的。

节奏和基调紧密相关。如果说基调是一篇文章所表现出来的总体情感色彩和分量，那么，节奏则是这一“总的感情色彩、分量”的外在声音表现。在稿件中，节奏应受到基调的限制，主导节奏要与基调相互协调，以确保基调在外在表现上的准确性。

二、节奏的类型

（一）轻快型

多扬少抑，声轻不着力，语流中顿挫少，且顿挫时间短暂，语速较快，轻巧明丽，有一定的跳跃感。全篇重点处的基本语气、基本转换都比较轻快。朱自清的散文《春》、冯骥才的散文《珍珠鸟》，都是典型的轻快节奏。

（二）凝重型

多抑少扬，多重少轻，音强而着力，色彩多浓重，语势较平稳，顿挫较多，且时间较长，语速偏慢。重点处的基本语气、基本转换都显得较重。景希珍的回忆录《在彭总身边》、王愿坚的小说《草地夜行》，都是典型的凝重节奏。

（三）低沉型

声音偏暗、偏沉，语势多为落潮类，句尾落点多显沉重，语速较缓。重点处的基本语气、基本转换多偏于沉缓。夏衍的报告文学《包身工》、史铁生的散文《秋天的怀念》，都是典型的低沉节奏。

（四）高亢型

声多明亮、高昂，语势多为起潮类，峰峰紧连，扬而更扬，势不可遏，语速偏快。重处的基本语气、基本转换都带有昂扬、积极的特点。高尔基的散文《海燕》、茅盾的散文《白杨礼赞》，都是典型的高亢节奏。

（五）舒缓型

声多轻松明朗，略高但不着力，语势有跌宕但多轻柔舒展，语速徐缓。重点处的基本语气、基本转换都显得舒展徐缓。老舍的散文《济南的冬天》和陈淼的散文《桂林山水》都是典型的舒缓节奏。

（六）紧张型

声音多扬少抑，多重少轻，语速快，气较促，顿挫短暂，语言密度大。重点处的基本语气、基本转换都较急促、紧张。闻一多的《最后一次的讲演》、外国方法往往相互交叉使用。只有把它们结合起来，才能让节奏变得更有弹性和多样性。这四种方法都有其各自的优势，在不同的语篇中可以重点突出。在这四种方法中，加强对比，控纵有节是其核心所在。在掌握基调、统领语气、掌控回环往复的同时，按照不同的节奏类型，强化了抑扬顿挫和轻重缓急的对比。但是，不管是控制还是释放，都要适度。

第五章　播音主持过程中的即兴口语表达

本章内容为播音主持过程中的即兴口语表达，具体包括话题操作技巧和临场应变。播音主持的过程中难免会出现突发状况，这就要求播音主持工作者具备即兴口语表达能力，避免播音主持事故的发生。

第一节　话题操作技巧

一、话题——即兴口语表达的基本要素

话题是即兴口语表达的基本要素。话题展开的形式多种多样：既可以是主持人根据有关资料，对某一问题进行的独白式阐述；也可以是嘉宾、受众共同参与，就某一话题展开的对话式讨论。无论什么形式，主持人都应该很好地驾驭话题，将其中所蕴含的有效信息最大限度地开发出来。能够选择到有价值的话题固然重要，但主持人对话题操作技巧的掌握，同样对节目的成败起着至关重要的作用。

主持人运用话题技巧，不仅要充分考虑到不同素材内容和栏目的要求，考虑到不同受众的文化背景、心理特点和欣赏品味；还要充分考虑到自己的专业特长、个性特点以及对话题所涉及领域的熟悉和了解程度。熟练自如地运用技巧，会使即兴口语表达收放自如、自然、生动，富于感染力和亲和力，沟通渠道畅通，传播效果良好。

根据广播电视节目的特点，主持人的话题操作技巧可以分为话题的进入技巧、话题的衔接转换技巧和话题的结束技巧三大方面。

二、话篇的进入

好的切入点能立即引起观众的兴趣和注意力，新颖的“开场白”常能引起观众的共鸣，使观众印象深刻。入题要引人入胜，自然地引导听众进入话题，展开话题，让观众理解它的主旨。

（一）开门见山，直切主题

这是一种直接而全面地揭示一个话题主旨的进入方法。这样的开场白最大的特点就是直奔主题、言简意赅，让观众很快就能融入主持人的思维中，让人觉得直截了当、干脆利落。

下面是中央人民广播电台《午间一小时》的一段开场白：

王玲（主持人）：我是王玲。听众朋友，在日常生活中，通过网络、手机接收邮件和发送短信已不再是新鲜事儿，对于人们的交流发挥着积极的作用。同时我们不能不担心这样的一个事实，手机短信垃圾、电子邮件垃圾和电话垃圾信息时时骚扰着我们的生活。

这次节目的标题是《对信息垃圾说不》。主持人开宗明义，点名了主题。随着现代人生活节奏的加快，人们希望通过广播电视节目能够方便、快捷地获取信息，达到精神上的愉悦和放松。对于那些受众熟悉的或在社会上流行的话题，如果采用“犹抱琵琶半遮面”的入题方式，就会使人感到烦琐。

高超的语言表达能力以及高度的概括能力是运用开门见山、直切主题方法的基本要求，既能精当地表述其内涵，又能准确地提炼其宗旨，以新颖、明快的姿态向观众展示话题。

（二）抓住重点，择要推荐

传播心理学的研究结果显示：当传播内容与观众需求不符时，观众将会在某种程度上产生“失望”的心态，观众下意识的“失望”心态的积累将会直接影响到对媒体的信任度。对观众来说，可能会有一些节目或者内容是他们想看的，而另一些节目或内容是他们不想看的。首先，我们要提炼出节目中的主要内容、关键信息和精彩部分，在节目一开始，就向大家介绍并推荐这些内容。通过这种方式，不仅能够增加对观众的吸引力，还能让观众产生一种心理上的期待，也能让他们对收听收视有个心理准备，在该集中注意力的时候要集中注意力，在该放松的时候要放松。

（三）触景生情，借景抒情

观察和捕捉周围景物或环境因素（时间、气候、地域、节令、场合等），借景抒情，触景生情地切入话题，能够为节目营造出一种亲切、和谐的现场氛围。

在使用这一手法时，要注意：对景物、环境的借用，不能牵强、做作。要对每一个环节和现场的各种情况进行全面的考量，仔细发掘、精巧“借用”、情景交融、渲染和烘托。

（四）以小见大，以事醒人

在切入社会性话题时多使用这种入题方式，其特点在于：以那些或常见，或一反常规，或有情有趣，或典型新鲜的事例作引子，在开诚布公、生动活泼的气氛中，从凡人小事入手，由身边的现象谈起，达到以小见大、以事醒人、以情感人、以理服人的宣传效果。

巧用这一方法，需要主持人花大量的时间搜集信息，并根据节目的题旨，下大力气进行整理、挑选、加工、润色，看似信手拈来、十分随意，实际上却是主持人深厚积累的瞬间表现。值得注意的是：话题中引用的例子，要真实可信、雅俗共赏，能抛砖引玉、贴近人心；而不可平淡无奇、庸俗琐碎、画蛇添足、喧宾夺主。

三、话题的衔接转换

每个话题都有既定的范围、方向和层次。在节目中，主持人不仅要鼓励参与者谈话，还要想方设法让他们想说，爱说，说到点子上，说出真话来。但是，由于主持人、嘉宾和其他节目参与人的文化程度、个性特点、生活经历不同，他们会从各自不同的角度、不同的层面发表见解，其言论往往会出现重复或矛盾，积累到一定程度就可能出现冗杂或沉闷的状况。主持人要引导嘉宾等避免跑题、偏题和“原地打转”。主持人应注意倾听，敏于思考，善于判断，适时地梳理思路，总结归纳。

衔接和转换是话题进行下去的必要条件。要想使起承转合顺利完成，就要对相关技巧做到谙熟于心，运用娴熟。

（一）引用资料，逐渐推进

在前期准备时，主持人为了全面、深入、客观地认识话题，要收集大量的相关资料，以开阔思路，有理有据，真实可信，逐渐推进。这样才能在节目进行中，根据现场情况有选择地运用。

要使一个话题顺利地展开，涉及许多因素，其中一个非常重要的因素就是引用一些典型的、恰当的材料。话题要有一个清晰的层次，一步一步地深入，如果仅仅是用语言来完成起承转合和衔接变换，有时候会显得有些单薄。“事实胜于雄辩”，恰当地“用事实说话”，可以使转折自然，更容易被听众接受。

（二）设置冲突，引人入胜

同样的话题，有的节目让人觉得死气沉沉、味同嚼蜡；有的节目则让人觉得跌宕起伏、精彩纷呈。重要原因之一就在于主持人是否懂得设置冲突。有冲突，才有碰撞，有碰撞，才不会流于平淡。“真理越辩越明”，探讨不同观点，能使人对事物的认知更进一步，而智慧与感情的火花，也常于此迸发。如果大家都是各说各的，互不理睬，不但很难辨明问题，也会让节目变得索然无味。所以，主持人要善于发现分歧，要善于巧妙地掌控对话的过程，什么时候达到高潮，什么时候下降缓冲，都应该由自己来掌控。

升温、催化、吸引，激发每位参加者的积极性，透过交流、碰撞，点燃他们的激情。但是，使用这种技巧的时候一定要注意分寸，既要烘托气氛，又要让探讨和争论保持在一个合理的范围内。

（三）言简意赅，画龙点睛

无论是提问、回答，还是插话，主持人都不是那种不偏不倚、可有可无的“传话人”，也不是形同虚设的“礼宾司仪”。虽然主持人不能抢风头，也不能说得太多，但“主持”的职责还是要尽到的。

（四）巧用“重复”，突出重点

“重复”的手法在主持人的话题衔接和转换中确实是非常常见的用于突出重点的一种方法。通过重复，主持人对话题的走向和层次掌握主动权。

“重复”可以采取强调性重复，即对关键的话语进行重复，以强调其重要性。这种重复可以帮助听众更好地理解和记忆重要的观点或信息。同时，主持人还可以采取归纳性重复的方式，在重复时进行变化和创造，避免机械地重复。可以通过简化、浓缩、轻松调侃等方式进行变化，从而产生新的刺激，加深听众的印象，强化他们的认识。

（五）选择时机，巧妙“打断”

在友好的交谈中，打断别人的谈话是不礼貌和不尊重他人的行为。然而，在谈话节目中，由于时间限制和主题需要，主持人可能需要适时地打断或提示谈话者，以保持节目的正确导向、谈话的集中和深入情况。

在打断别人发言时，主持人应该谨慎行事，注意礼貌，并选择合适的时机。可以利用一些委婉巧妙的方式，例如通过提出问题或引导性的陈述来引导对话的方向，或者使用一些转折的语言技巧，让参与者意识到自己的发言需要被打断或补充。当然，主持人需要灵活巧妙地运用这些方法，以确保参与者可以接受并继续参与讨论。

此外，作为主持人，拥有良好的“服务意识”也非常重要。主持人应该意识到谈话是一个共同参与的过程，每个人都有自己独特的观点和思考方式。因此，主持人不能过于强调自己的主观意识，也不能急于打断与自己预想不同的发言。相反，主持人应该倾听并尊重每个参与者的意见，并通过适当的引导和总结，促进讨论的平衡和多样性，这样才能确保谈话的氛围和效果得以保持。

四、话题的结束

在充分讨论完话题之后，还要找一个巧妙的结束语作总结。一个精彩的结束语可以起到画龙点睛的效果，突出话题的主旨，并为观众带来新的思考和启发。把这种处理问题的方法辐射到其他的事物上，可以产生“余音绕梁，三日不绝”的效果。

首尾呼应，评论点睛是一种前后照应的话题结束方式。主持人在结尾处反观话题的开头，并以主持人评论的形式提炼主题，确实是一种非常有效和引人注意的方式。这样做可以深化话题的意义，并给听众留下深刻的印象。

主持人在对话题进行议论时有以下四点需要注意：

第一，评论要有感而发，不过度夸张或牵强附会。主持人应该表达真实的情感，避免空泛的抽象论述或故弄玄虚。

第二，评论要有意义。主持人要善于从个别现象中发现普遍意义的观点。

第三，讲究政策分寸。主持人在评论和点评时要遵循党和政府的政策和原则，不随意妄加评论或轻率作出是非曲直的论断。要用客观、公正的态度来分析和评价问题，避免个人主观意见的干扰。

第四，主持人应该留有余地，不绝对化，不使用过激言辞，不以个别情况推断整体，也不要轻易给听众强加观点，要给听众提供更多的思考空间和自由选择的权利。

五、力求评论有真知灼见

“语不惊人死不休”，议论、点评要确实能够给人以启发，与其平平淡淡，不如不评论。

（一）以情感人，触动心灵

在话题的结尾，主持人适时抓住传受双方共同的感情凝聚点，或感慨、或赞叹、或抒情，使受众从主持人的“有感而发”之中受到激励，引起情感的共鸣。“情之所至，金石为开”，心灵上的契合和呼应往往可以使受众对节目和主持人产生信任。当受众被真切地打动时，就会产生行动的力量。

如《焦点访谈》记者水均益与卡斯特罗谈话的结尾。

水均益：主席先生，我们今天愉快地和您一起回忆了我们两国的友谊。几十年前，在中国有一首脍炙人口的歌曲，是歌唱中古友谊的。我们今天在座的不少人还会唱这首歌。我们想再一起唱唱这首歌，希望您也能跟我们一起唱。水均益通过这个能够拨动对方情感心弦的设计，使一位世界著名的政治家，像孩子一样唱着歌结束了对话。

需要注意的是，将情感作为沟通点，如果使用得当，会有很明显的效果。但是，主持人的情感必须是发自内心，只有真挚的情感才会真正地触动受众的心灵，如果故作姿态，则会给人矫揉造作的感觉。

（二）梳理归纳，概述要点

这是一种梳理话题思路，并从中概括出主要内容的话题结束方式。由于广播电视是以有声语言形式传递信息的，而且受众接受方式主要是“伴随性理解”，因此，在结尾处给予必要的归纳和总结，可以帮助受众更好地理解和回顾话题的内容，并加深印象。这样做可以突出重点，引起注意，并提醒听众关注关键信息。

运用这种方式结尾，需要主持人有对全局的把握能力和高度的概括能力，需要有将这种能力外化为语言，言约义丰地表达的能力。

（三）由此及彼，引发联想

对于一些有普遍意义的话题，主持人要善于抓住它的本质，在结尾时展开举一反三的联想，升华话题本身的意义。

丰富的联想可以拓展话题的构思，将抽象的观念物化为具体的形象、使语言更富有新意……在话题结束的时候，主持人可以借助联想，将思维放置于一个极为广阔的活动空间，在话题允许的范围内纵横驰骋，从而使节目内容更富有深度和广度，使意境更深邃。

应注意的是，联想活动本身不是目的，而仅仅是表达的一种手段，是为节目的整体效果服务的，因此，联想要受到话题主旨和表达形式的制约，切不可天马行空，没有节制。

（四）正确分析，合理建议

对于一些与人们生活很贴近的话题，在经过一番探讨、做了正确的分析之后，主持人可以向受众提出建议，或在某一方面特别提醒。这种结尾方法既委婉又热情，受众更乐于接受。

需要注意的是，使用这种结束方式必须具有可操作性，只有具备可操作性才是有效的，只有认真调查研究，才能贴近生活、贴近现实，提出合理、有效的建议。

第二节　临场应变

一、重视主持人的临场应变

对于广播电视节目中的即兴口语，尽管它是以即兴发挥的形式出现，但在多数情况下是需要事先充分准备的。临场应变是指在节目进行中，面对意想不到的情况，主持人即时作出的应急反应。主持人在节目进行中所展示的临场应变能力是检验其知识涵养、思维品质、心理素质、语言储备等多个方面水平的体现。

在广播电视中，嘉宾、受众的参与和现场直播，一方面，使传受双方的思维和语言都处于极其活跃的状态，给节目增添了新鲜感、真实感、交流感，另一方面，在动态的现场中，无论主观还是客观方面，都埋伏着诸多不可预知的因素，又给节目增添了一定的难度、复杂度和紧张度，挑战着主持人的综合素质和能力。

主持人需要在面对意外情况时机智应对，保持冷静和自信，以确保节目取得良好的效果。主持人的机智、得体，能够圆场补台、活跃气氛、提升格调。当然，如果主持人的应变能力不佳，可能会导致节目陷入窘境，影响整体效果，出现“一招不慎，满盘皆输”的局面。

因此，主持人必须具备的一种能力就是临场应变能力。它是即兴口语创作中不可或缺的话题，对保持节目的流畅性和吸引力至关重要。

二、临场应变要求

临场应变不仅仅追求口才“巧智”和“敏捷”，更重要的是注重语言的质量和深度，避免陷入“伶牙俐齿”“插科打诨”“巧言令色”的表层。在临场应变时，主持人的目标不是为了迎合某些受众的低级趣味，而是要为节目带来智慧的火花和语言的机趣。主持人应该注重言之有物、深入思考的表达方式，通过深入的思考和适当的幽默手法，以引发观众的思考和共鸣。这样的临场应变才能够为节目增添智慧的光芒，提供有价值和有意义的信息和观点。

（一）反应迅速，举重若轻

临场应变需要主持人反应迅速，并要求主持人在意外情况下能保持冷静，果断作出适当的反应。如果主持人迟疑不决，可能会错失时机。

同时，主持人也需要注意防止反应过激。举重若轻是主持人应有的状态，在面对复杂的场面和出乎意料的突变时，主持人应该能够准确抓住关键点，并以自如的方式处理。

（二）语言得体，自然天成

在语言交际中，得体和自然恰切是非常重要的。特别是在广播电视节目中的即兴发挥，更需要注重语言的准确性和恰如其分。主持人应该恰当运用语言，符合主题、情境和具体语境的场合，符合听众的身份和心理。

要想做到自然天成，除了要善于自如地调整自我状态，还要善于观察和捕捉现场中的情态元素并顺其自然地加以运用。当然，这种敏锐的“观察”和“捕捉”看似信手拈来，实际上是要经过多年的学习和实践积累才能获得的。

（三）化险为夷，锦上添花

广播电视是一门多工种协同工作的艺术，在节目制作，特别是现场直播的时候，有太多的变数，也有太多的不可预测因素，一个不小心，就会出现“险情”。这就要求主持人能够处变不惊、沉着冷静、处理果断，善于“化险为夷”，变被动为主动。其实，任何事情都是一分为二的，换一个角度看，节目中的“变故”也正是主持人可以施展发挥的机会。优秀的主持人在这种时候不但可以“圆场补台”，而且还能把不利因素转化为有利因素，因势利导，“变”出彩来。

（四）情理之中，意料之外

“情理之中”指的是“合乎情理”，不违反一般人的认知规则、不违反道德准则。所谓意料之外，就是不按常理出牌，说出的话是别人想象不到的。这就需要主持人既要有敏锐的感受力，高度的道德规范意识，又要善于运用求异思维、逆向思维、发散思维，寻找到新的角度、新的视野、新的思路，并且能够在瞬间完成思考、判断、表达的过程，这就是更高的境界了。

三、临场应变的依据

“应变”应先有“变”，后有“应”。而“应”的成败，更多地取决于主持人是否能够对“变”进行准确的预见和把握，从而化不利为有利。一名出色的播音员、主持人，在面对突发事件的时候，通常都擅长从现场中寻找出应对的方法，或即景赋情，或即物生意，水到渠成，信手拈来，发挥得当，收放自如。

（一）从“人”的因素中获取信息材料

广播电视节目中的“人”由主持人、嘉宾、观众二种类型的人物组成。无论是作为项目的创造者，还是控制者，又或者是参与其中的“人”，都是创新过程中最为积极的要素。“人”的信息是最为丰富的，包括了年龄、性格、职业、爱好等自身原有的信息，也包括了现场发出的新信息，如举手投足间的一颦一笑、一言一语等。这些都是值得注意、值得利用、值得挖掘、值得衍生的素材。

（二）从时间因素中获取信息材料

从时间因素中获取信息材料，并巧妙地将其融合到节目当中，能起到提示和渲染主题的作用。时间因素相对于其他几方面的因素来说比较现成，只要合理运用，甚至能得到一种平中见奇、意料之外的效果。

（三）从环境因素中获取信息材料

环境是个很大的概念，包括许多方面，例如，现场的景物、自然面貌、氛围等。虽然环境并不能直接体现出节目的内涵，也与节目的主旨无直接联系，但若能“心有灵犀”，不断由表及里、由此及彼的对这些情景物体进行思维“扫描”，自然会受到外界的启发，从而作出更好、更富有诗情画意、更具哲学意味的回应。

（四）从节目因素中获取信息材料

主持人的任务是为节目穿针引线、烘云托月、铺路搭桥、鸣锣开道。所以，应该对节目的内容有很高的关注，关注节目现场中的有关因素，也要关注这个节目的整体关系以及它的内在联系，善于发现新意，把握亮点，两面开花，承前启后，推波助澜，言之有物。

以上仅从四个方面做了简单的介绍。其实，临场应变的取材途径无处不在，只是需要主持人用心去发现和寻觅。经验可以给我们提供一种思路和可能性，重要的不是纸上得来的技巧，而是要靠我们脚踏实地的实践。

四、临场应变的现场控制

临场应变的现场控制是实现应变的一个重要步骤。在突发事件中，主持人需要强大的控制力，掌控全局，如同一个舵手，绕过急流险滩，将航船及时拉回到正常的航线。

（一）稳健兴奋，心理自控

心理自控主要是指在即兴口语表达过程中把握心理的稳定、心理的兴奋、心理的节奏以及对自我情绪的调整和控制能力。

在节目进行时，任何意想不到的事情都有可能发生，如果没有一个稳定的心态，很难作出快速的判断，找到对策。

心理稳定要求消除恐慌紧张，要求具备思维的抗干扰力和临场的意志力。增强信心，排除杂念，进入特殊的“规定”情境。

临场发挥要求在一刹那间作出反应，只有在充分的情感主导下，创造主体才能进入一种好的创造状态，才能激活思维，灵活地作出反应。而这一境界的取得，与心理上的兴奋是密不可分的。要在心理上维持兴奋，一要对服务对象有一种发自内心的爱，把观众的期望铭记在心；二要在每次创造中都能全力以赴，要对话题保持浓厚的兴趣；三要有一颗热爱生命、热爱时代的心，要有一颗追求新鲜感的心；四要善于对外界的各种刺激积极的感受和接受。

此外，对于场上出现的各种状况要积极地去应对，要善于控制情绪、调动情绪。不管面对多么艰难的局面，都能保持冷静、掌控全局、适应环境，把握内心节奏，将观察力、理解力、思辨力、想象力、判断力、感受力、表现力、鉴赏力、回馈力保持在最活跃的良性状态。

（二）察言观色，控制现场

主持人就是这个舞台的掌控者。这就要求主持人既要有强大的自我控制能力，又要有强大的现场控制能力。面对突然发生的情况，要能够迅速作出准确的判断并能果断地采取相应的措施，要懂得察言观色，注意及时交流与调整反馈，牢牢控制话题展开、情绪调动、气氛烘托等方面的主动权，把握嘉宾或受众的心理节奏和节目进行的整体节奏。

（三）泰然处之，机敏应对

思维灵敏性与变通性得以发挥的条件，在于具有良好的心理状态。即：积极、自信、兴奋、从容。积极源于高度的责任感，自信源于充分的准备，兴奋源于热情的服务，从容源于保持适度紧张的心理松弛。

机敏的应对既是一种快速反应的思维活动，又是一种富有创造力的言语活动。现场情况瞬息多变，所以思维的运转要时常避开惯性的路子，运用集中的、发散的、逻辑的、逆向的各种方式，力争使应变语言富有新意。

五、临场应变的策略

面对节目现场的突发情况，有的主持人可以随机应变、力挽狂澜，使节目得以顺畅进行；有的主持人则会张口结舌、语无伦次、说些风马牛不相及的话。临场应变离不开灵感思维，但灵感不会光顾毫无准备的头脑。现代心理学的研究也显示，人类灵感的闪现与知识的积累、组织、整合有着紧密的关系。在广播电视节目中，主持人所表现出来的临场应变能力同样与积累和整合有关，这是“准备”导致的。

准备包括两层含义：一是广义的知识积累——丰厚的底蕴；二是狭义的应变准备——具体策略。关于前者，我们已在其他章节中反复强调，这里仅就具体策略问题谈以下几点看法：

（一）借题发挥，自圆其说

有时候，失误是由于主持人自身的原因造成的，当失误出现的时候，不要惊慌，不要患得患失，也不要强词夺理，而是要敢于承担责任，要轻松地面对。可以用最后的结果来表达意义，用当时的情景来表达感情，获取谅解。

一次，上海东方电视台主持人袁鸣，应邀到海口主持海南狮子楼京剧团成立仪式，误把一位叫南新燕的先生说成小姐，察觉自己的口误，她并没有慌张，而是面带微笑，真诚地说：哎呀，真是抱歉，我可能望文生义了。不过，您的名字让我想起一首古诗：旧时王谢堂前燕，飞入寻常百姓家。这可真是一幅充满诗意的美妙图画。同样，国粹京剧作为宫廷艺术，一直在北方盛行，如今，随着海南狮子楼京剧团的成立，古老的京剧也首次飞过琼州海峡，到海南安家落户，这不也是一幅美妙的图画吗？袁鸣诚恳地道歉之后，在“不过”后面大做文章，从人名中的“燕”字触发灵感，谈到古诗中燕子的形象，从诗中的意味，联系到京剧由宫廷到民间、由北方到海南的现实，轻巧自然而又熨帖得体地回到主题，不仅缓解了尴尬，而且赢得了满堂喝彩。

（二）欲扬先抑，顺势而发

人们的思想境界、知识水平、表达基础、自控能力不尽相同，所以，在节目中，会出现各种各样的声音，各种各样的看法。身为一名主持人，应该以一种真诚、平等的态度来对待嘉宾与观众，做到虚心、热心聆听，专心、耐心聆听，尊重对方并且补充观点。但是，“尊重对方”不等于将自己的观点和立场放弃，正如“欲扬先抑”的写作技巧，临场应变也会出现节奏上的跌宕起伏。可以采用“软着陆”的方式，等待时机，顺应形势，婉转地提出异议，巧妙地发表自己的意见，逐步达到对话的目的，避免正面冲突。

（三）善解人意，及时调节

在与嘉宾或受众面对面的交流中，因种种原因，有时会缺少呼应甚至瞬间出现冷场的窘境。遇到这种情况，主持人要善于沟通感情，善于调节气氛，设身处地替对方着想。或巧妙解释，或耐心提示，或及时点评，或热情鼓励，要善解人意，从容地走出窘境。

（四）有意岔题，峰回路转

无论是现场谈话节目，还是直播热线节目，我们都能接触到形形色色的人，遇到各种问题。对于一些比较棘手的问题，用“硬切”的方式来回避，固然是一种策略，但是也可以用积极的态度正面回应，巧妙地改变人们的逆反心理，把不良的效果给消除掉。

（五）以攻为守，合理“冲撞”

一般来说，主持人是节目的主导者，不过，偶尔也会出现一些被访谈者喧宾夺主的情况。在这样的情况下，主持人不能惊慌失措，也不能退缩，而是要保持“遇强不弱”的心态，将问题抛给对手，妥当的处理方式会得到意想不到的效果。

在使用这一技巧的时候最重要的是要敢于进攻，不能一味退让，采取守势。

首先，要心明眼亮，要能一眼洞穿对方的弱点或破绽，出语就要击中其“七寸”；其次，要突破思维定式，打破常规，并快速选准突破口，才能出其不意、攻其不备；最后，分寸要拿捏得当，“冲撞”必须保持在合理的范围内，不能越线，不能犯规，原则问题不让分毫，但是口气却不能咄咄逼人，主持节目不是斗嘴，“冲撞”合理但决不能生硬。

当然，随机应变也是有很多技巧的，每个优秀的主持人既要吸取他人的经验，也要总结自己的经验。身为一名主持人，需要不断地积累经验，充实自己的战术，只有这样，才能在面对任何突发事件时都能保持镇定。

第六章　播音主持业务实践

本章内容为播音主持业务实践，具体包括新闻类文稿播读、新闻评论话题主持两部分内容。新闻类文稿及评论业务是播音主持的基本业务，在提升个人能力之前熟练掌握基本业务能力是十分重要的。

第一节　新闻类文稿播读

一、新闻文稿播音的总体要求

在广播电视节目中，新闻节目是一个非常重要的部分。随着改革开放的不断深化，新闻宣传工作的作用越来越重要，新闻在广播电视中的比重不断提高，这一点从 2003 年央视新闻频道的开播就可以看出来。在广播电视传媒中，新闻播音是播音员和主持人最重要的工作内容，新闻播音的内容包含了国家的政策方针、国际国内发生的重大事件等，所以播音质量将会对宣传效果产生直接的影响。各电视台的新闻播音员、主持人常常成为该电视台的标志，他们的播报水平、主持形象被人们看作衡量一家电视台好坏的重要标准。

当前，广播电视新闻节目的形式多种多样，但是从广播电视现存的节目类型和历史发展来看，它主要包括了新闻评论、新闻消息、新闻专稿，新闻类文稿播读的总体要求如下：

（一）正确理解稿件的内容与精神实质

新闻消息注重快速、及时地报道事实，新闻评论注重阐明道理，新闻专稿注重详尽、生动地报道事实。上述特点都对广播电视语言工作者提出了正确理解稿件的内容和精神实质的要求，或以事明人，或以理服人，或以情动人，事要明，理要准，情要真。

如何正确把握新闻稿的内容及其精神实质，使广播节目具有真实感、可信度，这是传媒的特性和传播特征所决定的。新闻的生命在于真实，在播报新闻时，总体上应以稿件为创作基础，语言规整大气，自然流利。

（二）体现新闻节目的时效性和时机性

新闻的时效性和时机性对于传达新闻事实和实现播出目的都非常重要。

时效性指的是及时报道新闻，力争新闻事实能在第一时间传达给受众。在播读时，播音员和主持人应该怀有强烈的播讲愿望，希望能够及时将新闻传递给观众。在语言上，应该保持鲜活明快的风格，使人耳目一新。

时机性关注的是播出稿件的重点和目的。新闻稿件的播出时间以及播出目的，都在一定程度上反映了稿件的时机性。这要求播音员和主持人要站在一定的高度上，从宏观的角度把握稿件，从微观的角度处理重点，以准确传达稿件内容。

（三）准确把握播读分寸

播音员和主持人在处理新闻稿件时需要准确理解其中的内容，明确把握播出目的，并掌握语言表达的精确性。这涉及对分寸的把握能力。

新闻的真实性体现在对基本事实的正确把握、对新闻价值的判断、对态度感情的酝酿与调动以及对重音、语气的处理上。在处理新闻时，关键是要把握适度，在避免处理不足的同时特别要注意避免夸张。

（四）根据节目与稿件需要实现播读风格的多样化

多样化风格是新闻播音时代特点的体现和节目多样化的需求。

由于新闻文稿写作风格的不同、受众接受心理的多样性、新闻节目形态的发展，新闻播音多样化的趋势日益明显，播音风格多样化是符合节目类型、符合稿件特点、符合广播电视语言工作者更好地完成各类节目传播要求的带有时代特点的发展。

风格多样化可以表现为庄重、活泼、规整、洒脱、朴实、灵动等语言表达样态，其中反映了节目定位、稿件依据、创作主体自身条件等多方面要素的整合关系。

二、新闻消息的播读

在广播电视新闻节目中，消息是应用最广、最常见、播发最多的内容。新闻信息的播读是播音员和主持人最重要的一项工作，消息报道的质量将会对传播和宣传效果产生很大的影响。

（一）新闻消息播读的具体要求

1. 叙事清楚

新闻报道具有“用事实说话”“以事明人”的特性，消息播报叙事清楚是由这些特性决定的。这样做是为了让受众既能理解新闻稿的内容，又能理解新闻稿的思想情感，理解新闻稿的精神实质。新闻消息类稿件的结构具有一定的体裁特点，掌握好“三段式”结构对于快速了解新闻事实非常重要。

在播读导语时，使其醒目、鲜明、引人注目。将一则新闻的主要内容重点突出、语意准确的概括出来就是醒目、鲜明。受众听到导语后，便产生了要深入了解事件全貌的欲望，就会迫不及待地想要听下去。

事实的展开部分就是主体，在播读主体时要注意语气连贯、深入细致、层次分明。基于导语部分所交代内容，主体部分要作进一步叙述，更加深入、详细。对稿件内容要有整体把握，归并和划分句段自如流畅，前后照应。

结尾部分要呼应全篇，深化主题。

另外，播读一些有背景材料的新闻稿时，可以适当减轻其分量，不过一定要把来龙去脉交代清楚，要服务于稿件主体。

2. 新鲜感

新鲜感是要让受众清楚地感受到播音员播报的是他们感兴趣和关注的新闻，这样才能引起观众的共鸣，并从中深受触动。

新闻播音的“真实感”是新闻报道中的“真实感”，新鲜感体现了新闻事件的新鲜程度。这两者相互联系、相互促进，形成了新闻播音的特点。在获得真实感的过程中，播音的新鲜感也随之而来，站在播音创作的角度上来看，新鲜感就是将刚刚在事件发生的现场看到的、听到的信息，快速地传递给受众的一种急迫的感觉。

要想获得较高的新鲜感，就要先找出稿件内容中有针对性的内容，这为明确稿件的新鲜点创造了必要条件，但这并不意味着就能把握住新鲜点，还需要详细地分析这篇文章的内容，看看这篇文章的“新”在哪里，是时间上的新，内容上的新，还是有新的观点，或者是新的视角，然后再结合这篇文章的背景找出这篇文章的新鲜点。只有在把握了每个消息的新鲜点后，才能准确地把握主题，确立主旋律。与此同时，要有强烈的新鲜感，播音员和主持人还要激发自己的情绪，激发自己的播讲欲望，让自己的思想和感情都处在一种活跃的状态。

3. 语言朴实

消息播报的主要形式是叙述，语言质朴、语气平实、踏实可信，不使用拖腔甩调和浓墨重彩的修饰。这是因为新闻消息具有真、实、快、短的特点。

以事实为基础进行报道是新闻的根本特点之一，如果没有真实性，新闻就失去了信誉和价值。新闻播音应该明确受众接收新闻消息的目的是了解近期国内外发生的重大事件。因此，叙述是新闻播音主要的语言形式，展现出真情实感，语调要自然平稳，避免大起大落的表现方式，也不应采用渲染或艺术夸张的手法，要力求反映事实，给人真实可信的印象。

即使出现的描写性语言量少，播读时也要有分寸地去处理。在真实性不会受到影响的基础下，适度突出必要的色彩，但要与文学作品的演播方式区分开来，以满足消息播音语言朴实的要求。

4. 节奏明快

播读新闻消息稿件时，要将明朗、健康、积极向上的精神面貌展现出来，让人觉得准确、干练、清晰。为了到达这样的效果，播读时的节奏应是畅快、明朗、疏密有致的，语句应是干净、紧凑、利落的。

要想做到节奏“明快”，首先在语言上要做到明白通畅，消除晦涩、呆板。新闻消息中有大量的书面语，经常出现一些长句和复杂句，所以在播读时要做到语句重音准确，语言目的明确，停顿和连贯符号的运用要符合表达意思。此外，在体现语法和逻辑关系时，语言要准确无误、流畅简洁、平实自然。

另外，要以干脆利落、严谨流畅的节奏播读全篇内容。通常情况下，新闻消息的播音语速较快，这反映出时代节奏，也体现出快讯特点，并且有助于增大新闻节目的容量。但需要注意的是，速度的快慢是相对的，稿件的风格和体裁不同，表达速度也会不同。在一篇稿件中，随着内容的发展，速度也会相应调整。同时，要注意清晰、有力地发音，掌握节奏的准确性，这有助于体现明快的节奏感。

（二）新闻播读前的准备

播读新闻消息前需要进行认真细致的备稿工作。

分析新闻消息稿件，一般要把握其倒金字塔的结构特点。备稿时间往往很短，常常是把“备稿六步”作为一个整体来进行，六步并作一步走的快速备稿在事实上是完全可能的，在具体的工作中也是十分必要的。快速备稿，需要注意边理解边感受边说，着重于重点和基调的把握，大笔勾勒，舍细微而取轮廓。

（三）新闻消息播读的分类指导

依据新闻消息稿件题材及反映新闻事实的类型不同，通观新闻传播中的规律性现象，人们将新闻消息的类型做了粗略的划分：

1. 时政新闻

时政新闻，一般解释为“最新发生的国内外大事”。从我国新闻界历年评选的结果看主要包括：（国际方面）重大国际政治事件；国际关系的重大变化和外交活动；重要科技文化成就；严重的自然灾害；（国内方面）中央的重要会议；党和国家领导人的重要活动与讲话；中央的重大部署和决策；国家出台的新的法规、政策；有全国影响力的重大典型；关系国计民生的成就；国人关注的重大灾害与事故；全国工作大局等。

这类新闻具有“新”“大”的特性，因此，在播报过程中，必须富有时代性、新颖性，且要肯定、庄重、大气。可采用播报式的基本语言样式，要做到节奏明快、语句整齐、态度鲜明、音色明亮、力度适中。对于一些文件性质特殊的新闻稿件，如公告、法令、章程和决议等，可以使用“宣读式”的语言样式，也就是稍微放慢语速，节奏平稳，语气庄重、庄严，语句工整。

2. 社会新闻

（1）社会新闻的播读要求

社会新闻是指没有鲜明行业特点而又为大众所广泛关注的以反映社会生活、道德伦理、逸闻趣事等为主要内容，与大众生活、兴趣、爱好、利益紧密相连的新闻。社会新闻是我国新闻报道的重要组成部分，其特点是具有知识性、趣味性、可读性，具有休闲娱乐、规范道德、社会教育、普及知识等功能。

社会新闻舆论引导作用是通过春风化雨、润物细无声的方式体现的。其播读方式多采用播报式与讲解式，既严肃端庄又亲切自然，对于知识性、趣味性强的稿件，语势变化可更丰富些，语速亦可快慢有致。

（2）例稿分析

本台消息：乘公交车时，在一阵急刹车声后，站立的乘客们东倒西歪，常会有责怪声起："这个司机开车太猛了"；到站的公交车，停的离站老远，乘客奔来奔去，这类乘客对公交服务不满意的细节，已引起公交部门重视。据了解，市区行驶的公交车辆都经过更新，行驶动力增强，改变了慢如蜗牛的形象，但车速快了又影响乘车舒适度。如一些乘客对公交车的平稳性有意见，除了繁华街区的路面情况多，还因个别性急的司机把车开得飞快，常常引来急刹、猛打方向等给乘客造成不适的操作行为。为此，公交一公司近日开展了驾驶技能练兵，即在车上放一盆水，以水是否溢出来测试车辆起步及停车时的平稳程度。据了解，率先开展这项工作的30路被公交总公司评为"准点、平稳、均匀"的标准线，"一盆水"等技术练兵行动将在全体公交车司机中推广。

公交车的服务质量已不单单是公交部门的事，而是社会文明程度的一种体现。这则消息涉及了一个非常重要的问题，在市场经济的条件下谁也不能忽略市场的变化和反应，竞争带来了发展，带来了服务质量的提高。这条消息不能仅仅看作公交公司改进服务态度的问题，而是透过这一事件感受到竞争带来的变化。这是一则寓理于事、寓理于趣的消息，播读方式除导语揭示中心的句子以外，其他描述性、列举性的句子可采用更具变化和趣味性的"讲说方式"，可起到自然、生动、交流感强的播读效果。

3. 财经新闻

（1）财经新闻的播读要求

财经新闻是主要报道商品流通和货币流通领域发生的各种新情况、新问题、新成就、新经验等方面内容的新闻。因与人民生活密切相关，财经新闻被广大群众所关注。

财经新闻具有简洁、准确、具体的特点，可以将科学性和规律性表现出来。因此，播读时要语音清晰、层次条分缕析、节奏明快、重音突出、干脆利落。此类新闻中经济术语和数字出现的频率很高，所以要准确无误、清晰明了地处理这些词语。

（2）例稿分析

本台消息：来自宁波市公安局车管所的最新统计表明，目前全市私家车总数已达 22 967 辆。今年以来发展势头更加迅猛，仅两个月就新增私家车 2504 辆，平均每月以 1200 余辆的速度增加。

按照国际惯例，当一个地区人均 GDP 达到 800 美元时，就进入家庭轿车的导入期。宁波市去年人均可支配收入已达到了 10921 元人民币，已经跨越了轿车进入家庭的基准线。同时，近年来宁波城区面积比 20 年前扩大了近 5 倍，道路条件改善，部分居民上下班距离拉长，加上节假日外出旅游成为时尚，更增加了市民对家庭轿车的需求。

这条消息从一个视角，即宁波私家车发展迅猛来揭示改革开放以来人民生活水平提高的事实，随着市场经济的发展，汽车与彩电等像普通家电一样正逐步进入人们的家庭，这一事实说明国家经济日益强盛。但和多数财经新闻一样，消息本身并没有任何评论，只是报道了这一事实和一组数字，但似乎更加雄辩地说明了问题。播读时应首先透过数字和事实感悟到国家前进的步伐。财经新闻的播报需要态度和感情，这些都是通过昂扬、热情、欣喜的基调和肯定的语气实现的。因此，抓准该消息的“新闻亮点”十分重要。要重点关注导语中“迅猛”这一重点词语，全篇采用播报式的方式处理稿件。注意导语中提到的“22967 辆”“1200 余辆”，两个数字突出反映了宁波私家车的现状及发展的势头。

4. 文体娱乐新闻

（1）文体娱乐新闻的播读要求

文体娱乐新闻是以介绍文艺、体育行业内新近发生的事件为主要报道内容的新闻，主要以群众喜爱、关注的事件为追踪对象，多以娱乐或表现人民文化生活、介绍社会文化动态景观为主。此类消息随着人民生活的改善和文化事业的进步正呈现出大量涌现的趋势。此类消息由于具有内容的娱乐化、轻松化、趣味化的特点，故在播读过程中也多采用播说结合的方式进行，语速较快，轻松自然，语言样式也灵活多样。

（2）例稿分析

中国足球队昨天在印尼雅加达 2 ∶ 0 战胜印尼队，以 6 战全胜的战绩获得世界杯亚洲预选赛第九小组的第一名，进入 8 月份举行的第二阶段十强赛。

这场比赛是在高温闷热的天气下进行的。米卢排出四四二阵型，除 18 号李小鹏代替受伤的 6 号李明首发出场外，其他位置均以主力出阵。

印尼队采用密集防守战术与中国队周旋，虽然中国队有一些射门，但威胁都不大。30 分钟后，固守的印尼队有了一些进攻的想法，2 号队员两次突破中国队的防线，其中一次射门还击中了中国队的门框。一时，印尼队利用细腻的脚法短传倒脚，让中国队队员碰不到球。

上半场伤停补时阶段，中国队趁印尼队注意力不集中时，左路发动进攻，4 号吴承瑛下底传中，21 号徐云龙头球回敲，球击中印尼队后卫腿弹起，幸运地被 11 号谢晖头球顶入死角。

下半场，印尼队倾巢而出，刚换上场的 20 号队员和曾在上一场对中国队比赛中攻入一球的 10 号库尔尼亚万，在前场十分活跃，有好几次差点攻破江津把守的大门。第 70 分钟，中国队 4 号吴承瑛在中线接队员传球，带球至球门 30 米处，一脚远射，球在门前弹了一下改变了速度，印尼队守门员判断失误让球溜进了大门。最终，中国队以 2 ∶ 0 战胜弱旅印尼队。中国队主教练米卢在赛后的记者招待会上表示他对队员的表现非常满意。

这篇体育消息写在中国足球队 2002 年冲击世界杯的预选赛中，“中国足球队冲出亚洲”的梦想萦绕了几代中国人的心绪，所以播读中除导语交代的比分和结果的重音强调外，比赛过程的细节尤其是得分细节的展示也应该是重点处理的部分。由于消息开头部分介绍赛程的几段均有“上半场”“下半场”等提示，所以层次交代清楚并不难，第四段、第五段是仅次于结果的重点部分，播读时应适当进入情境作精心的处理。全篇基调应是欣喜、热情、鼓舞、充满信心的。语气富于变化，语速应轻快、紧促以适应该类体育消息的播读。

三、新闻评论的播读

新闻评论也是一种评论，它的新闻体裁是政论性的。它与政治论文一样特点鲜明，本质上是从思想、政治的角度出发，使用说理的方法，分析论述一些重大事件和问题。另外，它的新闻性非常强烈，它能对当前社会上发生的重要新闻事件、问题或倾向作出评论。新闻评论发表及时，会影响社会生活，千万不能错过最佳时机，否则新闻评论的新闻价值也会随之丧失。

广播电视宣传中的评论性稿件大多属于新闻评论，新闻评论的对象是现实生活中刚刚发生的重大事件、重要倾向或人们虽不注意但必须引起注意的问题。新闻评论具有直接针对现实社会生活的特点，并具有强烈的时效性。它将新闻的客观性和评论的说理性巧妙地结合在一起，具有明确的导向性。由于评论所涉及的话题是群众普遍关心的问题，因此具有广泛的群众性。这种广泛的群众性使得新闻评论节目具有更大的社会影响力，能够引起比较强烈的社会反响。这种新闻性、思想性和群众性的有机结合，决定了新闻评论节目具有鲜明的倾向性、直接的导向性和广泛的影响力。

新闻评论节目通过对现实问题的评说和讨论，旨在引发公众的思考和讨论。它不仅通报和解释新闻事件，还提供了评论者的观点和意见，以促使受众形成自己的看法。这种导向性和倾向性使得新闻评论节目能够直接影响受众的意识形态和价值观念，对社会舆论产生重要影响。

同时，新闻评论节目所讨论的话题通常与公众生活息息相关，因此容易引起广泛的关注和讨论。

过去广播电视中出现的新闻评论大多受报纸评论的影响，书面语成分过多。改革开放以来，广播电视要求用自己的声音说话，新闻评论因而具有了新的语言样态，口语化也更加突出。近些年来，随着广播电视事业的发展，广播电视节目的日益丰富，新闻评论节目也产生了许多新的节目形态。如今的新闻评论更加符合广播电视传媒的特点，已经逐步形成自己独具特色的评论风格。中国中央电视台的《焦点访谈》《新闻调查》《面对面》等栏目充分体现了“用事实说话”的特点，为新闻评论节目开辟了更为广阔的天地。

（一）新闻评论播读的具体要求

论点作为评论的核心问题，将客观事物的本质揭示出来并且对人类行动作出指示是其根本目的。播音再创作要依据稿件，不过播音创作不能仅限于稿件，也要将有声语言的优势充分发挥出来。同样评论播音既要体现评论稿件的特点，又要展示有声语言表达的特色。评论播音的特点是逻辑严密，观点鲜明，论证有力，态度明确，以理服人。所以在播读过程中要注意质朴庄重、节奏稳健、分寸得当、重音坚实、语气肯定、张弛有致。

1. 观点鲜明、态度明确

在新闻评论的播读中，中心论点是贯穿全文一条红线，也是新闻评论的灵魂。对于新闻评论播音员来说，观点鲜明是最基本的特点之一。观点鲜明包括两个方面：一是全文的态度和倾向要明确，播音员在播读时应将自己的态度和感情与文章相吻合并准确地表达出来；二是论点部分要强调的鲜明得当，能否清晰地阐述观点是播读成功的关键。

为了充分发挥评论的社会作用，鲜明的观点是非常重要的。这意味着观点应贯穿整篇新闻评论的播读过程，使受众能够轻松理解评论所支持和反对的内容。

因此，播音员和主持人需要清楚稿件所针对的问题和对象，以及这些观点对社会生活的实际意义和所带来的效果。播音员和主持人是否能积极关注社会的进步，自觉用党的政策引导社会生活，并具备强烈的社会责任感，将成为实现观点鲜明的动力。

2. 逻辑严密

新闻评论在播读过程中所表达的看法与态度，需要经过严谨的逻辑推理与科学的论证。否则，只有观点是对的，但说出来的话却不连贯，也就无法使新闻评论的力量得到发挥。在这一点上，评论的力量就在于它的逻辑性。要使新闻评论具有逻辑性，应从以下两点做起：

第一，条理清晰。要想条理清晰的播读新闻评论，就要对评论的严谨推理与论证过程进行清晰的把握，并将其在有声语言中表现出来。在分析和理解稿件时，推理和论证的过程主要表现在对层次的整合和划分，以及怎样将句子组织好。从评论播音语言的表现来看，逻辑论证的过程主要表现为语调的停顿组合与语调的起承转合。

第二，重点突出。重点包括稿件重点和语句重音两方面的问题。对于新闻评论来讲，重点就是论点和播讲目的得以集中体现的地方。在播读的时候重点的确要很准确，要从中心论点和播讲目的的角度纵观全文去衡量孰轻孰重，不能把自己觉得难懂的地方当作重点去处理。确定了重点，还要用恰当的方法把它们表达出来，不能把重点和非重点播得差不多，也不能一律用加重放慢等方法强调重点，而是要根据文章的具体情况和需要而定。语句重音是指那些最能体现语句目的，在播读时需要着重强调的词或词组。在评论稿件里，语句重音是构成全文逻辑链条的具体环节，从第一句推出第二句，从第一层推出第二层，环环相扣，构成新闻评论严密的推理过程。一处语句重音播错了，下一句就无从承接。语句重音位置是否准确，强调方法是否得当，还影响到分寸和分量的问题。

3. 论证有力

新闻评论的目的就是表明媒体观点和媒体态度的，其政治倾向应该清楚明白，毫不遮掩。然而，在播读的时候，就不仅仅停留在态度是否鲜明这个初级阶段了，而是要看表达论证是否有力。不管是倡导还是劝止，无论是赞扬还是批驳，论证有没有力度，很大程度上取决于播音员、主持人播读功力的深浅。当然，论证有力不是靠声音大、调子高来体现的，而是靠对字词、句子、段落、篇章的恰当处理得来的。在播读的时候要注意感情的表达和语气，以及分寸感的把握。评论播音的语气应是肯定的、果断的，语势一般呈下山类。消息播音是以事明人，专稿播音（通讯播音）是以情感人，而评论播音则是以理服人。在播读新闻评论的时候，对自己所讲的道理应充满信心，语气不能呈现犹豫、商量的色彩。评论播音为体现出语言的肯定和论理的坚定，多用实声而尽量不用虚声。要做到“理直气壮”，评论播音在气息控制上强调饱满有力，以增强吐字的力度，更好地为论理服务。评论播音的内容，许多是对当前实际工作的指导，在论述某一点、分析某种情况、批评某一现象、揭露某一问题时，要了解、熟悉有关政策，按照政策要求，根据实际工作，分清轻重缓急，分出层次，强调有度，分寸得当。

4. 以理服人

首先，要弄清道理，不要以权压人，也不能用谄媚的语气来讨好别人，而是要用严密的逻辑、正确的观点、宽宏大量的胸襟，让别人听了之后，对此深信不疑。其次，播读新闻评论时要郑重且严肃，但这并不意味着在播报的时候，一定要摆出一副严肃的表情。一般来讲，评论就是提出一个观点。提出观点的原因是这个事物或问题与人民群众的切身利益有关。而我们则是坚定地与人民群众心连心，任何涉及人民群众切身利益的事都会牵动着我们的心。所以，好的评论播音都应该注意对事、情、理之间的关系进行处理，做到寓情于理、情理交融，对道理进行详细阐述，真情流露。

（二）常见新闻评论的类型

1. 社论、本台评论

这类评论是在涉及全局的问题上，以编辑的名义发表评论意见。传达和阐释中央（或省、市、自治区党委）具有全局性的新精神、新部署、新政策，同时，在重大的政治事件和重大的节日里，也要把本台的评论报道出来。这一类型的评论，在播读中需要注意的问题有：一是具有很强的政策性和较重的分量，二是有很强的指导意义和鲜明的针对性，三是篇幅很长。播读这种评论时，应该庄重严肃。

2. 评论员文章

本台特约评论员文章也是一种新闻评论的类型。这种评论是对当前工作中某一方面或某一问题的评论，其重要程度和所涉及的领域，仅在报纸社论和本台评论之下。它的论述有一定的部门性和专业性，也有一定的普遍性。在播音语言表达上，与社论、本台评论的不同之处在于：社论、台评的有声语言要体现出面向全局、指导全局的高度，而评论员文章要突出所评事件的个人特点。

3. 述评

述评类播音稿件的特点是夹叙夹议地对新闻事实进行评述。这种类型的稿件既具备评论的说理性的特点，又有事实报道特点，通过事实和道理的密切结合来传递信息。然而，从播音再创作的角度来看，述评类播音语言表达需要把“讲道理”的特点集中表现出来，不同于新闻播音中“用事实说话”的特点。需要注重对事实的叙述要服从于对事实的议论，叙述和议论要相互配合，确保语言表达准确明晰。

4. 短评

短评是关于某一具体事件的评论。它既可以对这件事情、这个问题作出直接的评价，也可以引申其中的道理，把它推到更高、更广的层次上去。相对于报纸评论员文章和社论，短评具有论题单一、分析精辟的特点。通常情况下，短评的篇幅要短一些，数字也要少一些。短评很少会单独发布，通常都会跟新闻一起发布（有时候也会跟通讯等），所以要跟相关的新闻播音配合好，播音语言要体现出简单明快的特征。

5. 编者编辑

这是一种普遍存在于新闻节目中的形式。在短短的几句话中，对已报道的新闻表达了编辑的立场，可以有许多样式：如说明、建议、评价、表态、提示、辩驳等。在播音的时候，要注重与之前的相关新闻报道相结合，充分发挥其简明扼要、引人入胜的作用。

（三）新闻评论播读前的准备

1. 背景

在准备新闻评论的播读时，要搞清楚这篇新闻评论的背景。背景有历史背景、现实背景；有全局性大背景，有不同范围的具体背景等。首先，我们要弄清这篇稿件里的政策精神、指导思想；其次，要明白为什么要宣传这样的精神和思想，是为了解决什么样的问题；最后，要预测这篇评论是否可以达到宣传目的、是否收到了社会效果。简而言之，就是要与社会、政治、历史、文化环境相联系，并与目前的社会现实相结合，分析评论文章，从而增强对文章的精神本质的认识。

2. 论点

一篇评论的论点是作者努力论述的核心所在，把握好论点就是把握好文章的关键所在。在找中心论点的时候，要对稿件的结构进行研究，从表现形式上来看，可以分为三种情况：一种是整篇文章只有一个论点，整篇文章中所有的分析论述都是根据这个论点展开的，这个论点就是中心论点。另外一种情况是稿件中存在着两个或两个以上的论点，这是因为所讨论的问题比较复杂，但是这些论点之间的关系仍然是主从关系，主论点统领着分论点，分论点服务于主论点。最后一种情况，稿件的论点并不是直接表达出来的，而是贯穿某一段或全文之中，在这种情况下，我们就必须对稿件进行仔细阅读，反复理解，然后自己来提炼和归纳。

3. 论据

论据是论述和证明观点的材料，是一篇新闻评论论述的事实依据。要想做到论点鲜明，论证有力，在备稿的时候对论据的理解和把握就丝毫不能含糊。

论点所要论证的问题都要由论据来体现和说明，所以论点和论据之间的逻辑关系也就需要弄明白、理清楚。在对论据有了一个宏观的总体把握之后，才能在处理稿件时做到用事实说话，从而使论点得到有力的支撑。

4. 其他

由于评论类型的不同，准备时要根据不同稿件的内容和形式，根据稿件的分量，选择恰切的播读语体。因为新闻评论属于政论性的新闻体裁，因此播音员、主持人，除了要具备较高的专业基本功和艺术修养之外，还要具备较高的思想政治觉悟和理论水平，这样才能够准确、迅速、深刻地理解稿件内容，才能很快在头脑中形成与稿件相一致的思想感情，把稿件变成自己要说的话。

四、新闻专稿播读

新闻专稿，是详细、生动的新闻报道，是与消息相对应的其他各种报道性新闻体裁和报道形式。新闻专稿是新闻报道的一种，报道新闻事实，不过新闻专稿的时效性不如消息，但比消息更具体、更生动、更详细、更有深度。

（一）新闻专稿播读的具体要求

1. 准确

准确，源于新闻真实性特点的影响。新闻专稿属于新闻报道范畴，真实性是其生命。播读新闻专稿时，对于主题的把握、线索的梳理、细节的处理等，都会一定程度上影响新闻真实性的体现。因此，准确是新闻专稿播读的核心特点和基本要求。播读准确，从以下几方面加以注意：

（1）主题明确

新闻专稿的主题是稿件的中心思想与核心问题。

一篇稿件中的人物、事件、分析等往往可以从微观角度反映总的看法和主张。在播读新闻专稿时，微观问题的分析把握最终都要达到总体概括和提升的程度，这样才能真正把握新闻的实质，否则往往会陷入枝节问题的纠缠而忽略了总体的方向性问题。

明确主题，需要播音员、主持人完成从具象到抽象、从感性到理性的飞跃，其关键是梳理、概括和总结。

（2）线索清晰

新闻专稿的线索反映了稿件推进的顺序与脉络。

新闻报道需要对新闻素材进行加工组合，形成具有内在结构关系的统一整体。在播读新闻专稿时，播音员、主持人要从整体上对稿件的脉络有一个清晰的把握，并且按此顺序完成起承转合结构工作。

把握线索，主要可以从时间顺序、空间顺序、逻辑顺序等角度入手。

（3）细节精准

新闻专稿的细节是构成此类新闻报道的重要元素。

相较消息而言，新闻专稿对新闻的报道更为详尽，细节描绘也更为细腻，可以说，有些新闻专稿就是靠细节搭建起来的。详细描绘所报道的人物、事件、风貌能够突出新闻的真实性。

细节精准，既要注意对细节本身的理解掌握，不能夸大，也不能缩小，又要把握好细节与整体的关系，不能因小失大，避免为处理局部而影响整体效果。

2. 具体

具体，源于新闻专稿与其他新闻体裁相比所具有的区别性特征。如果说，消息是为了让广大受众尽快知晓新近发生的事实的话，那么新闻专稿则是为了让受众更详尽地了解人物的品格、事物的始末、自然社会风貌以及事物的深层内涵。播读此类稿件具体可以从感受和表达两个方面加以注意：

（1）感受具体

新闻专稿虽然是新闻性体裁，但是由于行文详细具体，细节、情节与事物深层内涵得到了较为充分的展现。播音员、主持人在播读此类稿件时，不能回避感之于外、受之于心的心理过程，对于形象化的文字需要感受，对于理性色彩较浓的文字也需要感受。换句话说，播音员、主持人播读稿件时要在内心产生震动，这种内心的感受既来自全篇稿件，也来自于稿件中的细节；同时，体现于全篇稿件的整体感受也是由若干具体感受组合而成的。播音员、主持人不能因为新闻专稿属于新闻性体裁就不悉心感受。

（2）表述具体

整体和谐是对稿件播读的高级要求。整体和谐不是空穴来风，而是建立在具体细致的表述基础之上的。全篇稿件的播出目的往往就体现在重点段落、重点句子，甚至是重点词语的处理上，具体的语气处理往往影响着全篇节奏的形成。因此，在播读充满细节描绘的新闻专稿时，播音员或主持人要特别注意细微处的感情和语音处理，避免“一个腔调”。

3. 生动

生动源于新闻专稿形象化的语言运用。新闻专稿不仅要提供事实，还会传达情感，塑造形象，渲染气氛等，将这些文字生动地表达出来，不是进行虚构和假设，而恰恰是为了准确地再现。播读生动从以下几方面加以注意：

（1）情感细腻

由于稿件中思想感情的运动是起伏变化的，因此，播读稿件时避免一种感情毫无变化地一贯到底，要根据人物命运和内心情感的变化、根据事件的发展、根据逻辑的演进，不断调动、调节自己的思想感情，使播读时的思想感情运动符合稿件的感情发展脉络。这是避免单一化和简单化的重要一环。

（2）形象鲜活

新闻专稿十分注意发掘和表现典型情节和细节，利用具体、生动的形象表现主题，展现事物的内涵或人物的精神境界，以形象感染受众，加深受众的印象和理解。

由于新闻专稿具有形象性的特点，因此，在播读时对于塑造形象的文字和形象化的语言应着意加以处理。需要注意的是，这里的形象依然是真实的采写形象，避免因形象化问题而影响了真实性。

（3）表达灵动

新闻专稿由于报道题材众多且篇幅较长，因此，在稿件中会综合运用到叙述、描写、说明、议论、抒情等多种写作手法，这就为播读提供了较大的创作空间，同时也对播读提出了更高的要求。播读新闻专稿，要求语言表达要符合文体要求，同时又要体现自身的语体特点，或从容畅叙，或细腻描摹，或直抒胸臆，不能简单刻板。

（二）常见新闻专稿类型

1. 人物专稿

人物专稿源自人物通讯。它主要反映人物的事迹和精神风貌，进而反映时代的精神风貌。

人物专稿反映的特定对象可以是个人也可以是群体，可以是英雄人物也可以是平凡人物，可以是正面人物也可以是反面人物。

展现人物个性的方法既可以通过细节显现，也可以通过事件体现，还可以通过人物语言表现。此类稿件关键是要反映出鲜明的人物形象。

2. 事件专稿

事件专稿源自事件通讯。它主要反映现实生活中具有典型意义的新闻事件，使受众强烈地感受到时代的脉搏。

事件专稿可以反映现实生活中具有重大影响的事件，可以报道现实生活中激动人心的事件，也可以揭示社会矛盾，起到良好的社会舆论监督作用。

3. 风貌专稿

风貌专稿侧重反映某一地区、某一方面或某一行业的新成就、新面貌，用以展示社会风貌、各地风光、今昔变化等。

风貌专稿可以描绘自然景观，可以展现社会风情，可以在记述记者见闻的同时加强议论和分析的内容，从而起到开阔视野、陶冶情怀的作用。

风貌专稿应注意反映事物的新面貌和新变化，即使是没有什么时效性的自然风光的介绍也要注意通过纵横对比和巧妙构思来突出新意。

4. 研究性专稿

研究性专稿信息丰富深刻，可以反映社会的新观念、新经验和新问题，具有较强的现实性、针对性和舆论引导性，能够引发人们的重视和思考。

研究性专稿侧重对复杂事物深层内涵进行探讨与分析。无论是事件性题材还是非事件性题材，都力争发现其中的问题，梳理思路，进行具有提前性的判断和规律性的总结。

研究性专稿需要具有全局性的高度，需要进行深入调查研究，材料扎实，深入浅出。

（三）新闻专稿播读前的准备

新闻专稿播读前的准备除了依然要遵循基本的备稿方法以外，还可以从以下几方面加以强化和补充：

1. 整体把握

整体把握要注意对报道内容的社会背景加以关注和了解。具体的报道往往反映着整个社会的进程，并且在时代的变迁中体现出重大的现实意义。为了加强新闻专稿的针对性和现实意义，稿件本身需要对社会生活进行细致的观察、深入的思考和全景式的分析。播读前需要在对社会整体观察的基础上来对报道本身的价值意义进行分析、判断，从而准确地把握所报道内容的深刻内涵，赋予稿件以恰当的分量。

整体把握要注意对稿件的主题进行分析概括。主题是稿件的中心思想，是从稿件全篇中归纳和抽绎出来的。主题依存于具体的文字表述，同时又不拘泥于具体的文字表述，也就是说，稿件的色彩和分量是在对全篇文字进行分析理解的基础上加以确定的，因此，不能以个别段落和文字作为整体的创作依据。

2. 具体分析

播读新闻专稿要将稿件内容不断加以推进，推进过程不是平面的而是立体的，情感有起伏变化，情节有曲折演进，内容有轻重之分，层次有逻辑关联等。这些特点的展现都要依靠细致深入的分析和准确详细的设计，以便确定重点，控制节奏。在具体播读时可以根据现场的情况加以灵活处理，但在播读前一定要做到心中有数，不能存在只要安全播出就可以的侥幸心理。

3. 引发情感

播读专稿是需要热情的，只有调动起积极投入的热情，才有可能把握好稿件的精神实质，焕发创作愿望，进而把对稿件的分析理解体现在形之于声的创作之中。

引发情感一方面是调动播读者自己的创作热情，使自己具有强烈的播讲愿望。这样才有可能使自己的精神和肌体都处于一种积极的状态，才能高效优质地完成播音创作任务。另一方面是要准确地把握稿件的情感脉络，与稿件的情感起伏形成共振，从而准确地传达出稿件的精神实质和深刻内涵。

第二节 新闻评论话题主持

新闻评论类话题考试需要从两个方面进行准备。第一，话题主持要符合话题主持考核的基本要求；第二，了解有关新闻评论和新闻评论类节目的概念。这样话题才能符合“新闻评论”这一特殊文体的要求。

一、新闻评论类节目的种类和形式

新闻媒介的评论文章（或节目）是一种政论性的新闻体裁，它包括广播、电视中的评论和报刊上的社论、评论员文章、短评、编者按语、专栏评论、述评等，对新闻宣传十分有效。

（一）广播新闻评论

新闻评论应用在广播媒介中又叫广播新闻评论（以下简称“广播评论”）。广播评论的起源是报纸评论，因此其与报纸在特点、作用及基本的体裁、样式上有诸多相似之处。但是，由于广播的特殊性，又从传播特点和规律上影响及限制着广播评论，使广播评论能凸显自身特性和明显的表现形式。

广播评论依据体裁和样式不同，可以分为由报刊评论沿袭而来的评论和更能体现广播特点和优势的评论两类。前者的播出形式通常是播音员口播。

广播评论不能脱离广播，要与广播的基本特点相一致。口说、耳听是广播评论基本的传、受形式，有声语言和音响在广播中起着十分重要的作用。有声语言包括播音员或主持人的叙述、议论，也包括记者的口述及采访对象的谈话；音响包括现场采录的音响以及后期录制时采用的背景音响。与运用文字符号传播的报刊评论相比，广播评论的传播手法更丰富，且具有更强的表现力和更高的信息含量。

（二）电视新闻评论

进入20世纪80年代，我国的电视新闻评论（以下简称“电视评论”）得到了长足的发展，到1994年中国中央电视台《焦点访谈》创办以后，电视评论开始进入全面发展时期，发展速度飞快。它不仅是在新闻评论和电视媒介共同作用下产生的，更拥有鲜明的自身特色。

电视是声像结合的复合型大众传播媒介，声画兼备、有形有色的特点使其更具感染力和影响力。电视传播是一种“形象化的政论”，它将画面、音响、文字及有声语言的解说、评论等结合到了一起，做到了声音、图像和文字的统一。

基于题材和样式不同，电视评论可以分为与广播评论相仿的口播评论、视听结合的评论两类。前者的播出方式是播音员或主持人口播，后者可大概分成谈话体评论、主持人评论和电视述评三种。本节主要介绍视听结合的评论形式。

二、新闻评论类话题主持的总体要求

主持新闻评论类话题必须做到坚持正确的舆论导向和创作道路、必须与语言表达的基本要求相一致。

坚持正确的创作道路是指：新闻评论类节目主持人的劳动是一种创造性的劳动，是通过有声语言进行传播的语言传播活动。广播电视的语言传播，以有声语言为主干或主线，既不同于写字著文，也不同于街谈巷议，语言传播者的综合素质、语言表达水平将直接影响语言传播的内容、品质和格调。

对广播、电视新闻评论类节目主持人语言的基本要求是准确、鲜明、规范。要达到这些要求，可以从两方面入手：第一，要根据组织的要求，重点是从立论和结构方面进行准备；第二，要符合新闻评论类节目的语体特点。

三、怎样主持新闻评论类话题

（一）掌握新闻评论类节目的基本特征：新闻性、政论性和群众性

1. 新闻性

新闻评论与消息类的新闻节目相比，虽然具有共同的新闻性属性，但是，又有明显不同的体裁特征。消息是对事实的报道，比较重视时效，而新闻评论是对事实的分析、评论，它在注重时效性的同时，还要注意评论对象的特定性和直接的针对性，比较好地体现评论对“重大事件不缺席”和“有目的的传播”这两个方面的特点。

2. 政论性

新闻评论属于评论体裁，大部分作品由两部分组成：一是新闻，二是评论。新闻是对事实的报道，它的生命在于真实；评论则是对事实的评价，它的力量在于正确。

新闻评论最鲜明的特点就是“用事实说话”“以理服人”。这里面包含了两方面的含义，即“事实”和“说话”。前者指的是这类节目的信息含量，后者指的是这类节目的思想含量。因此，新闻评论就是从提供富有信息含量的事实中提炼出具有高度思想含量的观点这样一种文体。

需要注意“用事实说话”这个说法，这里的“说话”与平常人们生活中的说话不同，而是一种“有观点的宣传”，带有“宣传报道倾向”的含义，至少有达到某一种目的的意思。这里的思想还包含不同内容、不同层次、不同形式的导向内容。在社会生活中倡导什么？反对什么？一定要旗帜鲜明，毫不含糊。

3. 群众性

随着新闻改革的不断深入，广播、电视新闻评论面临着更加艰巨的任务，因要更多地接受公众的参与，不断接纳来自广大群众的信息与呼声。

群众性的首要表现就是在内容方面，必须是群众最关心和感兴趣的话题，不仅与群众自身利益密切相关还要能体现群众的迫切要求。另外，还要求新闻评论的内容通俗化，要做到深入浅出。新闻评论的群众性可以通过下面两层关系表现出来：为群众说话和让群众说话。

（二）把握新闻评论类话题操作中关键性的两个问理：选题和立论

1. 选题：好的选题是成功的一半

选题会直接影响评论的效果。每天都有无数的新闻在现实生活中产生，社会现象中也不断地涌现出无数亟需评论和解决的问题。但是我们在选题时必须充分考虑哪一类问题先谈：先谈的原因及用怎样的方式去谈。

《焦点访谈》在选题方面有一些可供借鉴的成功经验。梁建增曾是《焦点访谈》的制片人，他对该节目的选题标准进行了归纳，便于大家参考借鉴。可以从政策、业务和社会层面三个方面进行选题：

第一，政策标准：政府重视，群众关心，普遍存在。

政府重视为新闻报道的起点和终点提供了方向，就是说舆论监督务必与党和政府在一个时期、一个阶段的重点工作密切相关，党和政府的意志也必须通过舆论监督体现出来。

群众关心为报道的广泛性和接近性提供方向，有助于相关问题的解决。即要求将群众关心的热点问题放在舆论监督的焦点上，选题体现民意。

普遍存在针对的是新闻报道中的典型性问题。要充分考虑不同选题会产生的不同社会效果，让舆论监督的社会效益最大化发挥。

在执行政策标准的时候，要注意到“大气”和“平实”的问题。“大气”是指放到社会背景下衡量具有时代意义，“平实”是说它与老百姓的生活息息相关。

第二，业务标准：情、理、趣。

业务标准直接影响节目效果的好坏，它涵盖了情、理、趣三个方面：

情：拨动人的心弦，要有感人的力量。

理：启迪人的思维。

趣：满足人的求知和审美。

第三，社会标准：注重社会效益。

节目的播出需要对解决问题、满足观众文化需要、推动社会健康发展产生积极意义。

“融”情、“说”理、“达”趣是选题的必备要素，最好的选题就是三个要素都满足的选题。

2. 立论：赋予选题以灵魂的过程

如果说选题是立论的基础的话，立论则是选题的思想升华。新闻评论类话题的立论过程，是指一个话题的中心思想和基调的确立过程。在整个评论过程中必须时刻围绕中心思想，中心思想对整篇评论的论点、论据、其他诠释和衔接文字等都有统帅作用。它与一般文章的主体地位相当。基调则需要根据受众的接受能力进行必要的调整，这是大众传媒中很重要的一个方面，也是区别于一般文章的主题的主要因素。

新闻评论类话题的完成，就过程而言，先后包括两大步骤：一是构思阶段的选题和立论，这是进行新闻评论话题组织过程中的第一道程序，也是关键性程序，直接关系到评论的成败；二是诉诸口头表达的阶段，这是新闻评论话题完成的最终环节，也是不能忽视的一个重要环节。

评价一篇新闻评论话题优劣的最重要标准是，构思阶段的选题和立论是否具有针对性和准确性。

（三）掌握两种新闻评论类话题操作的基本形式：点评和“独立成篇”的评论

西方新闻学里，把带有主观色彩的报道都算作评论，消息是纯客观的报道，记者只是目击者、报道者。

具体到广播电视的新闻评论类节目中，评论的表现是多种多样的，既可以是主持人精辟而简洁的点评，也可以是群众生动而质朴的议论，还可以是专家权威而透彻的剖析。

评论的表现形式多了，话题主持的难度也大了。我们认为，好的评论关键在于用好事实，让事实说话，这样最有说服力，也最有深度。以下主要介绍点评和“独立成篇”的言论两种最常用的评论形式：

1. 点评

三言两语的点评，一般只有百十来个字，但它体现出来的却是浓缩的思想精华。通过点评的内容，可以看出主持人对新闻信息迅速而敏锐的反应，它是主持人对新闻价值准确把握、对社会现实情况深入了解的体现。点评不需要层层展开进行，而是要提纲挈领地拎出新闻现象背后最重要的这“一点”，好的点评可以做到点“实”（看似普通的新闻现象）成“金”（十分重要的观点和启示）。

2.“独立成篇”的言论

“独立成篇”的言论与贯穿于串联词的“三言两语”点评相对，其字数少者五百言，多者千言。一般来说，这类话题有相对固定的时间，有专门的栏目依托，或者是独立存在的评论节目，也有可能是杂志型栏目中的一个栏目。比如早期的《东方时空·面对面》就是这样一个评论性的节目。

这类独立成篇的主持人言论，类似报刊开辟的“言论专栏”。当前，专栏主持人的言论通常是主持人亲自写的。这其中自然也凝结了集体智慧，有些是集体讨论后由专门人员提供有关材料，还需要进行审稿。

在选题方面：从近处和小处着手。

“近处”，从时间概念上看，它可指国内外新出现的新闻事件，反映了主持人言论的新闻性；从空间概念上看，可表现为人周围的大事件、小事件，反映了言论的贴近性。

“小处”是指选题的角度要小。看似通俗浅近，却要蕴含深刻的生活哲理、主旋律的积极导向、政策上的解疑释惑。

在材料的选择上：强调典型性、形象性。主持人主要通过夹叙夹议、摆事实讲道理等形式发表言论，大量使用事实论据，所以论据的取舍与使用十分重要。

在立论与论证方面：微言大义，以诚相见。

通常情况下，具体的信息和事实是以新闻报道的形式让人们知道的。新闻评论的使命和优势在于通过对这些事实和信息进行辩证思考、加工和升华，对其中普遍存在的有价值的内部联系、社会价值和引导效应进行挖掘，进而不断深化报道内涵和协调舆论。

（四）注意话题的结构安排

古人写文章讲究“言之有物”“言之有序”，序就是我们在这里所说的关于话题的布局谋篇。具体来说，话题的结构安排包括话题的逻辑思路和语言层次的安排。由于话题的准备时间有限，在具体的准备过程中，要注意先确定主题，主题确定以后，马上开始围绕主题进行理清思路的过程。在厘清思路的过程中注意布局合理、层次明晰、逻辑顺畅。

一般来说，评论的构成要素包括开篇、引论中间（本论）以及结尾（结论）。在准备阶段，需要仔细思考怎样安排材料和观点，怎样合理分配各部分的比重，以及怎样在三个部分之间实现无缝衔接和过渡。这样才不至于使文章显得凌乱而无章可循，也不会使读者感到枯燥乏味。

（五）把握新闻评论类话题语言的基本特点

随着广播、电视评论的发展，评论节目的表现形式越来越多样化，与节目形式日益丰富相对应的是评论节目的语言风格也开始发生了一些变化。具体表现在：

1. 语言更平实

主持人与观众的平等关系越来越得到重视了，主持人需要保持平视的眼光，用讨论的口吻来和大家谈公众关心的话题，在谈话的过程中更加注重尊重受众，为受众留下思索的空间，主持人语言的交流感越来越强，这种转变评论便“活”了。

例如，观众朋友，这是个“傍”字，那么在《现代汉语词典》中是临近、靠近的意思，一般在组词的时候都用傍晚或傍黑，可是现在这个“傍”字又被大大地利用了一下，有了一些新词。比如说：“傍家儿”。它就有了比临近、靠近更亲密的意思。

2. 在叙事的基础上点评，形成夹叙夹议的特点

评论依托于新闻事件、现象而存在，评论往往是能体现点睛之笔的言论，不一定是长篇大论，而有的观点是在访谈中表现的，是寓于事实之中的。

第七章　当代播音主持艺术的发展与创新

本章内容为当代播音主持艺术的发展与创新，具体包括当代播音主持艺术的新定位、当代播音主持艺术的创作样态、新媒体环境下播音主持艺术的创新策略、当代播音主持艺术的发展途径以及播音主持专业人才培养模式的转变这五部分内容。

第一节　当代播音主持艺术的新定位

播音与主持艺术专业不仅为新闻宣传部门和广播电视媒体培养了众多专业人才，也为那些对该领域感兴趣的学生提供了广泛的选择空间。目前，我国播音主持专业的报考人数逐年攀升，但是在媒体融合的大背景下，该领域仍然有许多的挑战和难题需要解决。所以，必须让播音主持专业的发展与媒体融合的环境相互结合，以达到更高层次的协同效应。

媒介融合是一种趋势，它将各种不同的媒介有机地融合在一起，从而实现了多种功能的无缝衔接。它的显著特征就是将报刊、电视等传统的媒体形式巧妙地融合在一起，形成一种全新的媒介形态。借助互联网技术和数字技术，媒体融合已经实现了媒介组织、终端、网络、内容乃至媒介本身的高度融合，其发展趋势呈现出功能多样化、一体化的特征。媒体改革势必会产生媒体融合，媒体融合将手机、互联网、电视、广播、报纸等新旧媒体有机地结合在一起，让广大民众能够接收到多样化的媒体信息，包括短视频、音频、图片等。媒体融合消除了时间和空间的限制，让人们可以轻松地获取各种信息资源，使资源共享能够最大化实现。随着媒体融合的推进，媒体运营的格局得到了深刻的变革，传播结构和效果得到了进一步优化和加强。

在媒体融合的大背景下，新闻传播方式和内容不断演变，对播音主持专业的教学也提出了更高的要求。

一、技能和知识的融合

知识的外在表现是技术，内在表现是技能。知识是提高技术的基础，技术是学习知识的终极目标。掌握知识不是简单的拥有知识，提升各项技能水平和综合素质才是掌握知识的目的。在教学过程中，教师需要将知识的传授与实践运用相结合，让学生对所学知识有更深刻的理解，并使其应用技能得到提升，从而让他们能够有承担栏目编辑、采访、策划等职责的能力。为了实现这一目标，教师需要从有声语言的练习入手，对训练篇目和教学的重难点进行合理区分，以便能够在教学中更好地向学生传授知识，让他们的配音、新闻播读、语言表达和吐字发音等专业技能得到培养和提升。

二、跨学科进行融合

为了培养播音主持专业的学生，高校应该注重跨学科融合，利用相关教育资源实施融合性教学，以提高学生的综合素质。将广播电视新闻、广播电视编导等相关专业进行有机融合，引入音视频制作、新闻写作、新闻采访等课程，同时开设与新闻媒体密切相关的课程；为了增强学生在信息传播方面的优势，我们需要将其与其他学科相融合，例如，体育、艺术、经济、市场营销等，便于他们能够在非广播电视领域担任相关职位。

三、借助网络这个平台，实施以网络为基础的播音主持专业教育

媒体融合涵盖了多种元素，如动画、图片、文字、视频、音频等，这些元素的功能在媒体融合背景下摆脱了原有的单一性，可以在网络平台上实现多样化的交流互动，从而获得更好的效果。为了达到这样的交流互动目的，对信息发布人员提出了更高的要求。他们需要具备网络技术应用能力、文字输入能力和一定的播音主持技能。由于版权或资金来源的限制，大多数门户网站倾向于采用文字互动交流的方式，即在信息发布过程中以文字形式进行播报和主持，文字主持人也不需要额外增添，网站文字编辑就可以胜任。为了提高学生的播音主持技能，各高校应当利用网络平台，开展基于网络的专业教育。

在现实生活中，某些广播电视节目已经开始利用异乎寻常的媒体平台进行信息传播。在某些新闻类节目中，除了进行访谈、播报和咨询之外，主持人还需要通过网络、手机短信和电话等与受众群体实时连线，进行线上的互动和交流。

四、实践和教学的融合

播音主持专业的实践性极强，因此必须注重学生实践技能的培养，以使其能够在未来的职业生涯中游刃有余。将实践与教学相融合，积极推动学生与社会的

融合，为学生提供参与专业技能比赛的机会，通过激烈的竞争，激发学生不断追求进步的动力。学校应与当地传媒产业建立合作关系，以促进媒体更多地发掘学校人才，提高学生就业率，同时对提升地方媒体的社会影响力也有积极作用。为了让学生切实体会到社会需要什么样的人才，播音主持专业可以通过建立完善的实践基地、加强学校与企业的长期合作等形式，给学生创造更多的实践机会，锻炼实践能力。

在当今媒体融合的大背景下，播音与主持艺术专业需要以全新的视角审视新媒体，以敏锐的行动捕捉新媒体，以创新的方式应用新媒体。唯有如此，播音主持专业才能形成自身独特的优势和特色，以培养更多专业化的新闻人才，为新闻事业注入新的活力。

五、播音与主持艺术专业的新定位

播音与主持艺术专业开设的目的就是培养兼备广播电视新闻传播、语言文学、播音学、艺术、美学等多元学科知识与能力的复合型应用语言学高级专业人才。该专业要求学生要具备敏锐的思维和应变能力，要有精湛的外语能力和普通话表达能力，文学基础和汉语基础也要足够扎实。同时，该专业还要求学生能够熟练运用现代电子媒体技术，积累表演经验，以便将来能够成为符合广播电台、电视台及其他单位从事广播电视播音与节目主持工作要求的人才。

我国从 1963 年开始设立播音专业，到现在为止，该专业已经发展成为一个完整的培养体系。这个体系包括专科、本科、双学位、硕士和博士等多个层次。1998 年，教育部发布了《普通高等学校本科专业目录》，其中播音专业被重新命名为“播音与主持艺术”专业，以适应时代的发展和人才培养的需要。之前，北京广播学院（现为中国传媒大学）独领风骚，现在全国多个省市和自治区中的高校开设了播音与主持艺术专业或方向，并且处于持续增长和发展之中。

首先，要转变思维模式，确立在新媒体时代的发展定位。中国传媒大学在播音与主持专业的建设和发展中扮演着不可或缺的角色，这也是众多院校定位相似的原因之一。中国传媒大学作为我国最早开办的播音院校，它为播音领域输送了很多优秀人才，这些人才如今又是各地方播音院校的主要策划者或建设者，因此产生了众多院校定位相似的问题。在考虑播音与主持艺术专业的定位时，我们需要从思想层面进行改革，让专业培养途径更加多样化，进而提高学生的专业生存技能。

其次，我们应当认可网络平台的价值，并在此基础上积极探索多平台播音与主持艺术专业的发展。

最后，需要加强专业教育，提供全面丰富的社会教育服务。随着新技术革命带来的社会发展变化以及媒体融合趋势日益明显，播音与主持艺术专业人才的知识结构发生了深刻变革。播音与主持艺术专业设置的初衷在于为广播电视媒体输送具备高超播音与主持技能的人才。随着“自媒体”在媒体融合中的崛起，媒体平台的覆盖范围不断扩大，同时也拓宽了播音与主持艺术专业人才培养的领域。如今，音频、视频、图片和动画的创作和分享工具已经变得十分普遍，任何人都可以通过家庭媒体设备和终端参与节目的制作和播出。因此，只要配备了相关的仪器设备，现在的音频和视频制作是很多人都有可能完成的。

第二节　当代播音主持艺术的创作样态

随着数字化新传媒技术的不断发展，信息传播方式变得更加高效便捷，显著提升了信息的传播速度和资源利用效率，电视直播的时效性也有了极大的提高。电视直播初期，电视新闻现场直播通常是现场实况转播。这种形式是通过电视将播音员的解说与新闻现场的声音和图像信息相结合后将信息传递给屏幕外的观众。在演播室直播连线的过程中，记者通常会提前到达新闻现场进行新闻采集和稿件编辑，编辑完的稿件需要审核，之后，按照预先设定的稿件内容播出。与稿件编辑相比，播音员、主持人的播出具有较长的周期和滞后性。在现场直播报道中，主持人通常都是通过与嘉宾互动点评、组织串联、适时引入记者连线报道前方状况、插播专题片介绍相关背景等模式进行主持，对主持人的工作能力有很高的要求。他们必须实时关注把控节目进程和各方话语份额，同时还要有即时编排的意识。随着社会的发展，电视直播也在不断发展。当前，最能影响视新闻媒体权威和影响力的因素是实时评论的速度、深度和吸引力。特别是现场报道重大新闻事件时，单点报道的直播连线已经不能满足要求了，现在已经发展成了多点联动报道。这种转变不仅增强了新闻传播的立体感、现场感、动态性和时效性，同时也提高了报道的质量和效果。《新闻联播》在 2013 年 2 月 9 日第一次使用 10 路直播信号，对全国各个地方喜迎新春的热闹场景进行了全面展现，成为多点直播历史上浓墨重彩的一笔。在直播过程中，主持人、受众、信息和现场连线中的记者、嘉宾形成了一个互动的传播场，共同接收和分享信息，有效拉近了主播和观众之间的心理距离，提升了传播的亲和力和时效性。

“场域”理论是指人的行为会被所处场域中其他人的行为和多种因素的影响。该理论最先出现于社会学范畴。随着互联网时代的到来，“场域”概念也开始进入新闻领域。新闻演播室环境是一个由主持人、嘉宾、评论员、多媒体信息等多个要素共同构成的场所，它在新闻节目播出过程中扮演着至关重要的角色。这个新闻演播室就是场域。随着新媒体技术的不断发展，新闻演播室不再是一个简单的信息发布中心，它已经逐渐成为一个汇聚了多重身份的人员和多层次信息的网络枢纽和平台，这些人和信息在演播室中相互交织、相互影响，不断发展，在这个过程中有很多实时产生的信息，这些信息会在新闻主播的主导下传播出去。在这个交互式场域中，新闻主持人扮演着关键的角色，既是信息的监督者，也是信息的引导者，要有引导主流观点传播、帮助受众准确辨别信息的能力。随着新媒体演播室的应用越来越普遍，播音主持形式也正在经历一场全新的变革。

主持人可以利用全媒体演播厅的大屏画面对上面的图像、文字、数据进行解读以及加工，实现与大屏之间的双向互动；利用与演播室兼容的网络以及接入多种外部信号，该节目能够呈现各种类型的背景信息和互动信息。现在，全媒体演播室较以往有了很大的不同，文稿、视频、网络信息和互动数据等可以通过主持人的整合、编排后进行实时报道，传递给观众最新的“新媒体新闻”资讯。

传播观念和思维方式在新媒体技术时代也有很大的转变。电视新闻传播不再是简单的内容制作，转变成信息关系平台的构建；不仅是数字化、网络化技术的应用，还发展到了虚拟技术的应用；电视最开始的功能和作用是网站开办和简单的网络电视新闻节目重播，现在已经变成更深层次的观念和思维调整。在当今新技术背景下，对电视新闻进行数据化的探索是一项有益的尝试，旨在深入了解用户需求并提高服务质量。只有在此基础上构建内容和样态，新闻工作者和主持人才会拥有全新的竞争优势。

第三节　新媒体环境下播音主持艺术的创新策略

播音主持经历了多年的演变和完善，已经在传统媒体时代形成了完整的流程和格局，其运营和管理也有了规范的制度，广大受众也普遍认可播音员和主持人的风格和形式。随着社会的飞速发展，新媒体的发展步伐也逐渐加快，使得播音主持行业只有坚持创新，不断加快创新进程，才能更符合时代要求、适应时代的变革。

一、新媒体环境下播音主持的新特征

只有在充分了解了信息传播在新媒体环境下所呈现出的新特征的基础上，才能更好地探究播音主持在新媒体环境下出现了何种新特征。因为，播音主持的变化源于信息传播的变化。

在新媒体环境中，信息的传递方式发生了变革，发布者、传播者和接收者都经历了深刻的转变。相较传统媒体时代以报纸、广播和电视为主要的信息传递方式，新媒体时代的任何一个受众都能是发布者，传播者可以是整个互联网，也可以是在互联网上应用的各个软件，而不仅仅是媒体。接收者也不再局限于受众，其范围无限扩大，甚至媒体自身都可以是接收者。

因此，随着信息传播呈现出新的面貌，播音主持也随之呈现出了全新的特征，主要包括以下几个方面：

（一）播音主持的身份多元化

以前的传统媒体环境下，播音员和主持人通常是经过播音主持专业训练或从事播音主持行业多年的专业人员，理论基础扎实，实践经验丰富。这些人员中的大部分都拿到了广播电视部门颁发的从业资格证。现在，播音员、主持人的身份在新媒体环境下相较以往有很大的不同。在播音主持领域，一些原本身份是学者、

教授、歌手、演员的人开始承担播音、主持工作，成为“跨界”主持人，还有一些人，担任了不同于自己以往领域的播音员和主持人，成为“跨领域”的播音员和主持人。例如，原本是新闻节目的主持人，但现在却担任着体育和娱乐节目的主持工作等。在新媒体环境下，主持人身份的多样性使节目风格变得更加多样，这种新形式的尝试对播音主持领域的发展有一定的积极作用。

（二）播音主持的形式多元化

在传统观念中，节目更加注重节目内容、嘉宾和演员，而播音员和主持人的主要职责是将节目内容进行有效衔接。通常情况下，主持人的数量并不会过多设置，这是为了凸显节目的重点，避免主持人在节目中占据过多的注意力。但是，与传统观念不同，新媒体环境加强了对主持人作用的重视。主持人与观众的互动性更强，节目参与度也更高，对推动节目进展的作用更大。例如，在民生新闻节目中，主持人已经从简单的客观报道转变为与事件当事人共同参与新闻事件的过程。在娱乐节目中，部分节目的主持人的数量甚至超过了嘉宾和演员的数量，主持人在节目中起主要的引导作用。

（三）播音主持的平台多元化

广播和电视是传统媒体时代播音主持的主要平台，但随着新媒体环境的兴起和发展，播音主持的平台也得到了更加广泛的拓展。随着网络节目的日益丰富，播音主持领域的平台也包含了出自大型视频网站的网络视频节目。目前，视频自拍网站越来越多，人们的接受度越来越高，播音员和主持人也可以自主创作视频，让自己的个人特色发挥得淋漓尽致，这也成为播音员和主持人的一个新平台。

二、新媒体环境下播音主持的创新发展策略

在新媒体环境下，播音主持必须积极适应新的环境和特征，只有通过不断创新和发展，才能更好地抓住机遇，赢得广大受众的青睐。

（一）在自身业务能力上创新发展

随着新媒体的蓬勃发展，信息传播速度得到了显著提升，同时，对播音员、

主持人的信息处理能力有了更高的要求。特别是在新闻类播音主持领域，这一点显得尤为突出。播音员和主持人需要具备快速熟悉新闻事件来龙去脉、了解现场环境氛围、捕捉声音图像和相关人群的能力，去应对不断增多现场直播内容和连线环节的重大新闻事件，最高效率完成直播准备工作。在新闻播报过程中，应当以简练的措辞描述新闻事件，以口语化的方式进行现场介绍，重点阐述受众最关注的问题。

此外，随着跨界主持人的不断涌现，对于播音员、主持人的专业素养也提出了更为严格的要求。倘若现在的主持人依然固步自封，不注重个人专业素养的提升和视野的拓宽，或许会被杰出的跨界主持人所超越，从而面临“失业”的风险。

（二）在自身风格特征上创新发展

在新媒体环境下，网络视频节目呈现出蓬勃发展的态势，各大视频网站纷纷推出自家制作的网络视频节目，这些节目也获得了良好的声誉。例如，爱奇艺的《奇葩说》、腾讯视频的《吐槽大会》等。这种发展态势不仅使节目形式更加多元化，也推动了播音员、主持人风格特征的多元化发展。在当今社会，播音员和主持人的角色已经不再局限于简单的串场，而是更加深入地融入节目内容中，因此，他们必须具备符合节目风格的个人主持风格。主持人风格和节目风格相符合时，才能实现双方的共赢局面。现今的播音员和主持人需要具备对国家政策和社会发展大势的宏观把握能力、能够深入了解普通受众思想生活的能力、用自身风格完美地呈现节目内容的能力。

（三）充分利用新媒体形式创新发展

如今，网络已经成为传统媒体中优秀电视节目的主流观看方式，并且越来越多的人选择通过网络观看。随着手机观看视频节目的日益流行，播音主持也应当积极探索新媒体下自身的创新发展之路。比如，现在盛行的即时评论、弹幕等互动方式，播音员、主持人也必须借助新媒体这一强大的互动性来实现互动。比如，在观看《金星秀》时会发现，主持人金星会提醒观众使用手机微信中的“摇一摇”，在节目官方微博下留言等方式互动。传统媒体与新媒体相互交融的典型案例不胜枚举，对我们利用新媒体有很好的参考价值和借鉴意义。

在新媒体环境中，播音主持有着更为广阔的发展空间，同时也必须应对更为复杂的挑战。播音员和主持人必须明确认识新媒体环境，利用好新媒体，才能在未来的职业发展中站稳脚跟。

第四节　当代播音主持艺术的发展途径

在新媒体快速发展的历史时期，媒体被赋予了新的时代特色，媒体资源具有海量化特点，获取资源具有畅通化特点，媒体形式具有多样化特点，使受众的选择余地更加宽泛。

因而要求新媒体语境下播音主持必须进一步体现自身特色，建立新的原则。要将时代特色作为新媒体语境下播音主持的首要原则，同时还要进一步提升自身的开放性，播音员、主持人要学会与受众进行交流，最大限度地倾听受众对播音主持的意见和建议，改进播音主持栏目以及播音主持人的主持风格，不仅体现出对受众的尊重，还能够推动播音主持的创新。

一、牢固树立开放理念

对于新媒体来说，开放性是其最大的特点，播音主持要想更好地适应新媒体语境，就必须牢固树立开放理念，坚持“以人为本”与“以物为本”相结合，特别是要把市场经济理念引入播音主持体系当中，将“服务意识”与“商品意识”紧密结合起来，将播音主持当成一种“商品”，着力打造服务品牌，充分了解受众的需求。在新媒体语境下树立开放理念，还必须提升播音主持人的采、编、播能力，使其成为“复合型”主持人，这样能够使播音主持节目更具真实性和情感性。

二、着力强化人文精神

社会信仰、价值观念和道德情操的综合体现就是人文精神，拥有卓越的人文精神的播音主持人，才能获得更广泛受众的认可。这一点是新媒体环境下播音主持必须做到的。为了做到这一点，播音主持人就必须深入贯彻“三贴近”理念。

基于新媒体的语境，播音主持必须在主持风格和内容上树立“亲民化”目标，让受众在观看节目过程中有感悟、思考和收获，不断提高认知水平。

“互动性强”是新媒体的另一个显著特征，因此，在新媒体环境下，播音员、主持人必须高度重视与受众的全方位互动。为了在新媒体环境下实现播音主持的互动性和创新性，我们需要对播音主持栏目进行科学的设计，并广泛利用各种互动平台，如网站、微博、微信等，加强与受众的交流，从而形成一种独特的互动模式。

第五节　播音主持专业人才培养模式的转变

一、明确学科思路

（一）借鉴言语沟通学

播音与主持艺术专业在外国并不是一门独立的学科，该专业是我国特有的。外国一般只培养口语传播领域的播音员和主持人。言语沟通学是口语传播专业的基石，同时也被翻译为口语传播学。言语沟通学最早出现在希腊，已经有 2000 多年的历史了，这期间有关它的学术研究和理论实践从未中断。随着时代的发展逐渐走向成熟，形成了一门古老、成熟、有广阔研究视野的学科。

主持传播能力的实质是以相关学科知识体系为基础的口语传播和人际沟通协调能力，不能简单地将其看作一项技能技巧。新媒体环境下，媒介融合逐渐呈现出多元化、碎片化和分众化的特点，在这些特点的影响下播音员和主持人的角色已经从单向传播者转变为沟通者、互动者和协调者。人际沟通、公共传播、组织传播和小团体传播等言语沟通学理论则为播音和主持传播在媒介融合背景下提供了极具针对性和指导性的作用。

（二）发展主持传播学

在 20 世纪 20 年代，美国首次出现了“主持”这一概念，而我国则在 60 年后才出现主持人。国外对主持人的培养是将其归类于口语传播或演讲口才专业下，我国则始终是将主持作为“播音”的一种形式，将主持专业培养归类于播音专业之中。长期以来，“主持”的教学理论主要源于播音学的学科体系，尚未形成自身独特的学科理论。主持人的培养都是在播音员的专业理论体系下进行的。之后，主持人的节目越来越多，主持人的数量也日益增长，这才使得专门培养主持人的学科理论开始发展。

在新媒体时代，播音员和主持人的角色划分变得模糊不清，甚至主持人的“显性”角色在一些节目中呈现逐渐淡化的趋势。主持人这一身份在节目中的存在感越来越弱，反而在节目内容的编排中扮演着一种更加自然的角色。现在，节目的类型和内容等越来越多样化，新闻资讯类节目也逐渐稳定，对新闻主播、新闻播音员等不再需要大量的“播音”，播音更倾向于成为视听节目中的主持形式。

主持传播学的发展理论完全是参考传播学理论，在特征、动因、环境、符号、受众和主体等几个方面进行研究和探索，一直没有形成独立的体系。在当今主持人群体不断扩大、节目主持需求日益增加的背景下，学界亟需积极探索建立属于主持人的独立理论框架，以引领播音主持业务在新媒体时代的风尚。1982 年 1 月，张颂作为著名播音教育家发出呼吁，他提出“研究播音理论”是一个十分紧迫的任务，这一任务对播音专业教育的发展有很大的推动作用。现在，我们既需要持续完善播音理论，也需要更加重视主持传播理论，不断增强对主持传播理论的研究。

（三）提升中国播音学

中国播音学是我国独具特色的一项珍贵财富，我国播音主持学科的核心就是中国播音学。在广播电视事业飞速发展期，中国播音学逐渐走向成熟，该学科的中国特色十分显著，它的发展和成熟离不开众多凝聚了我国广播电视工作者和专家学者的理论和实践精华。

中国播音学以其独特的艺术性著称，吸收了话剧、声乐、戏曲等众多民族艺术的理论精髓后形成了自身的初级理论，基本分为学科导论、发音与发声、创作与表达、广播播音与主持、电视播音与主持五部分。广播播音和主持与电视播音和主持的体系划分依据是媒介，但是媒介壁垒在时代进展中渐渐被打破了，这些体系形式就需要进行创新和提高了。发音与发声、创作与表达等理论也应该在信息传播日益多元化的潮流中融入更多符合时代要求的内容。中国播音学的理论水平需要持续不断地提升，需要将中国独特的、艺术性的播音理论与新媒体时代快速变化的信息传播发展相结合，以形成一个优秀的播音主持艺术学科体系，该体系要具有独特的中国特色，并且能够可持续发展。

当前，媒介融合已成为主流趋势，唯有从艺术学角度出发，在播音主持艺术中引入传播学，更加深化与广播电视学的交叉融合，明晰播音主持艺术专业的艺术性和传播属性间的紧密联系，播音主持艺术专业才能有更广阔的发展前景和空间。我们需要从传播学和艺术学角度出发，对播音与主持艺术专业的定位进行修改和完善，在借鉴、吸收多门学科精华后，构建一个新的播音与主持传播艺术学科理论框架。这个理论框架的构建基础是中国播音学、言语沟通学和主持传播学学科理论。

《普通高等学校专业设置管理规定》的颁布时间是 1998 年，之后 1999 年教育部对其进行了修订。该文件中总则第一章第二条指出：“高等学校的专业设置和调整，应适应国家经济建设、科技进步和社会发展的需要，遵循教育规律。”

高校播音与主持艺术专业需要紧跟多元化新媒体时代的发展步伐，抓住发展机遇，努力培养符合新传媒时代要求的复合型人才。

二、转变人才培养理念

媒介融合从本质上看是通过打破媒介壁垒使内容、组织、网络、规制和终端能够有机融合，进而实现信息的连接和互动。在媒介融合的进程中，媒介形式得以创新和突破。培养能够无视媒介平台和形式限制，创作高水平内容的语言传播工作者是播音主持专业人才培养改革的关键。

（一）传统播音的二次创作

各项事业的发展带动了我国播音主持事业的成长与前进。由于其特殊的工作性质和历史任务，播音员和主持人始终呈现“专岗化”的特点。

以媒体视角为基础，对传统播音的文字稿件进行观察、体验、分析、综合和加工提炼，经过一系列的艺术创作最终通过有声语言呈现的创造性的劳动就是二次创作。语言的艺术性创造是二次创作的重点，例如，规范性、庄重性和鼓动性是二次创作的“三性”，时代感、分寸感、亲切感是二次创作强调的“三感”。“即兴表达”属于一次创作，这部分内容的教育也包含在传统播音教育中，其课程主要有现场口头报道和即兴评述等，这些都属于“口语播音”类课程。但是，有稿播音的培养依然是实际教学中课时和内容最多的部分。除了即兴口语表达和播音创作基础之外，至少有四门课程旨在培养“声音”艺术化表达。

（二）全能主持的内容生产

在新媒体时代，随着内容生产流程的日益简化，播音员和主持人需要具备全面的信息生产和创造能力，成为主导节目的核心，并在节目中展现其独特的个人魅力。但是，目前我国的播音主持专业教育人才培养的重点是训练学生的“声音”艺术化表达，内容生产流程中的全方位掌控能力的培养反而放在这之后了。

1. 专业文化培养环节

（1）以专业文化知识为主的培养

内容始终是传播过程中不可或缺的核心元素，其重要地位并不会随着媒介时代、媒介形式和传统的发展而削弱。主持人必须拥有足够的专业知识储备去应对所主持节目的内容，这样才能吸引更多受众关注节目，获得受众的尊重和信任，使节目的传播效果更好。信息传播在新媒体时代呈现出超细分化的特点，因此，对主持人的专业性要求越来越高。

因此，在媒介融合背景下，播音与主持艺术专业要延续以往课程设置中注重文学艺术素质培养的特色，还要开设符合学生学习兴趣的专业选修课，包括经济学、教育学、心理学等，并积极鼓励学生对某个特定领域的文化方向进行针对性的学习。

（2）综合知识援助平台的构建

主持人节目的直播化趋势在媒介融合不断深入的形势下日益显著，直播化使节目制作流程也不再像以往那样复杂，这就需要主持人既能熟练掌握和运用某一个领域的专业知识，又能了解其他不同领域的知识，建立起一个涵盖文学、艺术学、传播学、社会学、政治学等的多学科综合知识援助平台。只有这样，才能为结合不断简化的、富含内容的生产流程与逐渐增多的交流互动的内容生产机制提供不同语境和情况下的多角度即时解读。

为了满足上述要求，可以采用必读书目考核的方式，规定学生必须对多个领域的学科论著进行通读，之后还要完成考核报告，合格后方可获得相应学分。这些必读书目需要涵盖4～5个领域，书单的组合形式可以多种多样，学生可以根据学习需求自由选择，但其选择的书目必须覆盖主要社会学科。通过这种形式可以让学生的语言思维能力和对信息内容的延伸能力得到锻炼。

2. 融媒素养培养环节

（1）媒介素养：从单一传播到双向互动

媒介素养始终是成为一名合格传媒工作者所必须具备的重要素质，这一点不会因为时间、地点的变化而改变。媒介素养一直是高等教育中培养传媒人才的重点关注内容。在媒介发展日新月异的时代背景下，播音员、主持人作为该领域的“守门人”，他们的媒介素养的提升非常重要。一般而言，媒介素养是指公众对当前媒介时代发展的认知和与媒介相关的知识。

在新媒体时代，受众是中心，每个人都有机会成为主播，职业播音员和主持人要想更好地凸显自身的独特价值就需要具备独特的专业素质和对媒介发展的敏锐洞察力。

高校在培养播音员、主持人时，不仅要注重发声、语言表达等专业内容的课程教育，还应逐步扩大媒介素养教育课程的覆盖范围，提高学生的媒介信息选择能力、媒介理解和质疑评估能力等，以实现媒介素养教育的目标。

（2）创新意识：从单一分工到自主生产

人们接受信息的能力是有一定限度的，在充斥着各种各样信息的海洋中，人们很难筛选并获取有效信息。因此，这就要求主持人要用创新思维去生产内容，创造出特点突出的节目内容以吸引更多用户的关注并在众多节目中大放异彩。

在媒介融合的背景下，主持人从原来只负责有声语言表达的采编播“合作型”主持人变成了负责全方位信息产控的采编播“合一型”主持人。主持人既是节目的“守门人”也是节目中的“舆论引领者”，只有始终坚持创新才能创造出品质卓越和引人注目的品牌节目。

（3）品牌素质：从平台宣传到个人品牌

新媒体时代媒介平台逐渐多元化，受众可以全方位地接触播音员、主持人生活的方方面面，只需要打开微博等平台就可以知道主持人的最新动态，播音员、主持人在实际传播中逐步走下“神坛”，走向群众。过去将节目收视率作为标准的评判十分模糊，而今天对主持人的评判变得具体而真实，粉丝量、评论数、转发量，每一个数字都代表着主持人的影响力。主持人除了打造媒体品牌外，还需利用各种自媒体平台打造个人品牌，增强自身影响力和话语力。

“品牌”本身是一个市场化的概念，在第一媒介时代，话语权掌握在传媒集团手中，主持人只能依赖传统媒介平台进行宣传，在打造媒体品牌的同时宣传个人品牌。但是在受众中心化的时代，信息传播就像一个庞大的市场，主持人自身只有把自己当作一个品牌来经营才能在媒体品牌和个人品牌中形成良性的互动和循环。

（4）主体意识：从依靠平台到争占平台

开放式的传播环境要求专业传媒工作者有更高的主体意识。自媒体时代，传播渠道不再紧紧地拴在传媒集团的手中，媒体作为一种“公器”，可以被大多数人所运用。作为专业的传媒人，应该比一般群众更具有媒介主体意识，而作为信息传播“守门人”的专业播音员和主持人，主体意识应更为强烈。

新媒体时代的一切都处在变化发展之中，技术的更迭、媒介的交替，大至社会文化层面，小至每个人的日常生活起居，都被深深地打上了融合的烙印。这是一个多元化、网络化、数字化、碎片化的信息社会。科学技术是第一生产力，信息传播的方式、形式、特征随着技术的发展不断被赋予新的内涵，经济、政治、文化、社会都因此发生着重大的变革。媒介发展直接对各行各业的人才提出了更高的要求，传媒人才首当其冲。我国播音与主持的起源与国外有别，外国的主持人最开始就是为满足娱乐文化节目的传播需求出现的，而我国的播音与主持最初就具有强烈的政治性、新闻性。在学科理论的不断发展中，我国播音与主持专业慢慢具备了浓厚的艺术性，由此形成了独具中国特色的播音与主持艺术专业。

目前，高校已经开始重视起对于新时代融合型播音员、主持人的培养。要培养出适合时代发展的播音员、主持人，必须从播音与主持艺术专业的学科入手，重新思考学科定位、培养目标、培养方向，动员全体播音与主持教育队伍的力量探索新的理论和框架，这样才能使独具中国特色的播音与主持艺术专业实现可持续发展。

参考文献

[1] 贝拉·依特金 . 表演学 [M]. 北京：华夏出版社，2000.

[2] 付程 . 实用播音教程（第 1 册）[M]. 北京：北京广播学院出版社，2002.

[3] 关山，高蕴英，蔡乃雅 . 播音·主持语言训练教程 [M]. 天津：天津人民出版社，2001.

[4] 卢景超 . 广播电视即兴口语表达 [M]. 北京：北京广播学院出版社，2000.

[5] 罗莉 . 文艺作品演播技巧 [M]. 北京：中国广播电视出版社，2003.

[6] 祁龙 . 播音主持心理学 [M]. 北京：中国传媒大学出版社，1999.

[7] 吴郁 . 主持人语言表达技巧 [M]. 北京：中国广播电视出版社，2002.

[8] 姚喜双 . 播音导论教程 [M]. 北京：中国广播电视出版社，2001.

[9] 汪良 . 小说播讲艺术 [M]. 北京：北京广播学院出版社，1988.

[10] 陆澄 . 诗歌朗诵艺术 [M]. 上海：上海人民出版社，2007.

[11] 尹珊珊 . 融媒体背景下播音主持角色定位分析——评《融媒体时代播音与主持艺术发展策略》[J]. 新闻爱好者，2022（12）：125–126.

[12] 施星星，龙坤 . 中华经典文化融入播音主持艺术创作的路径探究 [J]. 新闻世界，2023（7）：98–101.

[13] 白杨 . 新时代背景下播音主持艺术的实践应用——主持人的形象塑造 [J]. 佳木斯职业学院学报，2023，39（7）：88–90.

[14] 郑轲 . 社交媒体主播和播音主持艺术交互发展分析 [J]. 中国报业，2023（8）：28–29.

[15] 吴惠 . 新媒体语境下播音主持艺术创新发展研究 [J]. 中国报业，2023（6）：124–125.

[16] 周妍宇 . 新媒体环境下表演和播音主持艺术的教学融合探讨 [J]. 新闻传播，2023（6）：92–94.
[17] 吉照远 . 媒介融合下播音主持艺术类人才培养 [J]. 中国报业，2023（4）：178–180.
[18] 张珍瑞 . 浅谈播音主持的艺术美学——以《朗读者》为例 [J]. 新闻传播，2022（23）：103–105.
[19] 李姣 . 媒体融合视角下播音主持艺术破茧之路——评《融媒体时代播音与主持艺术发展策略》[J]. 传媒，2022（22）：100.
[20] 姚娟 . 智媒时代播音主持艺术教育的变革路径探析 [J]. 视听，2022（11）：171–173.
[21] 吕美辰 . 少儿播音主持艺术教育研究与创新实践 [D]. 南京：南京信息工程大学，2021.
[22] 成越洋 . 播音与主持艺术专业的学科定位与学科建构研究 [D]. 西安：陕西师范大学，2020.
[23] 娄原菁 . 全媒体视域下高校播音主持人才培养变革研究 [D]. 开封：河南大学，2019.
[24] 韩米 . 播音主持艺术创作的思维运用研究 [D]. 南昌：南昌大学，2019.
[25] 张超 . 媒介革新环境下播音主持人才的优化培养模式研究 [D]. 开封：河南大学，2018.
[26] 郭琦 . 全媒体时代评论型主持人培养模式研究 [D]. 兰州：西北师范大学，2017.
[27] 赵尉希 . 论全媒体视域下广播节目主持教学的嬗变 [D]. 长春：吉林艺术学院，2017.
[28] 周健恒 . 融媒时代播音与主持艺术专业人才培养改革研究 [D]. 武汉：华中科技大学，2015.
[29] 张洋 . 媒介融合下的高校播音与主持艺术专业教育的发展及对策研究 [D]. 兰

州：西北师范大学，2013.
[30] 屈阳 . 民办高校播音与主持艺术专业发展道路解析 [D]. 西安：陕西师范大学，2013.